教師の仕事を考える

杉山　雅
兵庫民主教育研究所教師論委員会【編】

学文社

まえがき

　本書は，兵庫民主教育研究所教師論委員会の手になる２作目の研究成果です。前作の『よくわかる教員研修Ｑ＆Ａ』（学文社，2006年）では，教員研修をめぐる教育制度的検討を行いました。本書では，高等学校の先生がたが毎日のように直面する問題を取り上げ，教育実践的検討を行いました。取り上げた話題は，授業中の私語，遅刻指導，携帯電話の指導，頭髪・ピアスの指導など，どれも悩ましい一筋縄ではいかない問題ばかりです。これらの難問に具体的な解決策が提示されない限り，本書は多数の読者を獲得できないと考えたからです。考察にあたっては，『子どもの権利条約』が示す教育理念に照らしてどのように対処するのが高校生たちにとって最善の利益になるのか，という観点から検討しました。

　本書は，杉山雅さん（兵庫県立伊丹西高等学校教諭）が執筆した原稿に検討を加えできあがりました。著者に本委員会と連名で杉山さんの名を記し感謝の気持ちを表しました。また，検討会は32回に及びましたが，最初から最後までお付き合いくださった古来勝己さん（神港学園神港高等学校教諭）にもとくに記して謝意を表します。

　本委員会は，1993年６月19日に創設された兵庫民主教育研究所の常置委員会として，同年11月４日に第１回の研究会を開いて以降ほぼ毎月１回研究会を重ねてきました。その回数は，現在までで149回を数えます。この間21年の歳月が経過したのですが，ようやく２作目の研究成果を世に送り出すことができ安堵しています。あとは，本書が多くの読者を獲得することを祈るのみです。

　最後に，出版事情が厳しい折，本書の刊行を快くお引き受けくださった学文社の二村和樹氏に心からお礼申し上げます。

　　　　2012（平成24）年７月７日

　　　　　　　　　　　　　　　兵庫民主教育研究所教師論委員会委員長
　　　　　　　　　　　　　　　　　船寄　俊雄（神戸大学人間発達環境学研究科教授）

はじめに

　「モンスターペアレント」とか「クレイマー」という言葉が，学校現場で盛んに耳にされるようになりました。確かに，教育は，近年とみにむずかしくなってきています。昔であれば，一言注意すればすんだことが，今では通用しないことが多々あります。
　指導は一筋縄ではいかなくなっており，あの手この手の指導が必要とされています。ベテランであれ，新任であれ，指導のための引き出しをたくさん備えておかねばならない状況です。あの手この手の指導法といっても，奇抜なだけでは一時しのぎにしかなりません。
　本書では，指導のよりどころを，『子どもの権利条約』（巻末資料参照）で謳われている子どもの意見表明権や子どもの最善の利益について十分に配慮された指導であるかどうかにおいています。さまざまな生活環境や生い立ちを背負って生きている子どもたちを，十羽ひとからげにして同じ指導をするわけにはいきません。さまざまな方法を用いるのですが，それが『子どもの権利条約』の精神（子どもの意見表明権や子どもの最善の利益など）にかなっているかどうかを常に吟味しつつ，指導の中身を考えていきたいと思っています。
　私がめざしている教育は，一言でいえば，「受容と寛容」の教育です。過酷な受験競争のなかで，多かれ少なかれ人格を傷つけられた子どもたちの悲しみや不満をまずは受容し，人格的に対等な関係を結びます。失敗をくりかえしたり，目標を見つけられずに意欲をなくしている子どもたちと対話を重ね，ともに人生を歩む。そんなスタンスで子どもたちとつき合っています。子どもに寄り添い，その内面に働きかけ，ていねいに自立への道をともに歩むことです。性急に指導の効果や結果を求めるのではなく，じっくりと子どもの生活を見つめ，指導の手がかりをつかむのです。その際，生徒と教師の関係だけでなく，生徒と生徒の関係づくりを最終的な目標として取り組みます。
　本書では，現場で起こるさまざまな事例を取り上げ，その対応について検討を行ってきました。実際の事例は各校でさまざまなちがいがありますので，本

書に示された対応をそのまま適用することはできないと思いますが，その取り組みの裏側に潜む生活指導の精神を汲み取っていただければ幸いです。　なお，今回の生活指導については，高等学校での実践を取りあげています。青年期を生きる高校生に，どのように寄り添い，指導を深めていくかという観点で検討を重ねてきたものです。

杉山　雅

目　　次

まえがき　ii
はじめに　iii

1　席替えを考える ……………………………………………………………… 1
　(1)　たかが席替え，されど席替え　1
　(2)　好きなもの同士で提案を　1
　(3)　席替えから班替えへ　2
　(4)　同調から信頼の関係へ　2
　(5)　ときには仕掛けてみよう　3
　(6)　席替えから私語の取り組みへ　5
　(7)　席替えから学習会の取り組みへ　7

2　授業中の私語を考える ……………………………………………………… 8

3　遅刻指導を考える …………………………………………………………… 10
　(1)　遅刻を自分たちの問題に　10
　(2)　生徒の心に寄り添う遅刻指導　12

4　掃除の指導を考える ………………………………………………………… 14
　(1)　掃除と仲間意識　14
　(2)　サボりで掃除に来ない生徒をどう指導するのか　15
　(3)　掃除をきちんとしない生徒をどう指導するのか　16

5　携帯電話の指導を考える …………………………………………………… 17
　(1)　授業中の携帯電話　17
　(2)　携帯電話によるトラブル　19
　(3)　自分で管理する力を育てる　19

6　頭髪・ピアス指導を考える ………………………………………………… 20
　(1)　頭髪や服装指導の基準はあるのでしょうか　20
　(2)　厳罰主義を乗りこえるために　21

7　行事の指導を考える ………………………………………………………… 24
　(1)　行事の指導で育てるもの　24
　(2)　球技大会を盛り上げる方法　24

(3)　文化祭の取り組み　26

8　学級通信を考える ……………………………………………………… 27

9　読書指導を考える ……………………………………………………… 28
　(1)　朝の読書の取り組み　28
　(2)　読書への誘いに挑戦　29

10　謹慎指導を考える …………………………………………………… 31
　(1)　指導の糸口をつかむという気持ちで　31
　(2)　処分の言い渡し　32
　(3)　家庭訪問で守るべき市民のマナー　33
　(4)　指導の押しつけを戒める　33

11　無気力な生徒・成績不振の生徒への指導を考える ……………… 34
　(1)　君は大切な存在だよ　34
　(2)　生徒の気持ちを深くつかむ　36

12　受験の重圧をかかえた生徒への指導を考える …………………… 38
　(1)　偏差値がすべて……　38
　(2)　見えてきたＩ子の姿　40

13　不登校気味の生徒への指導を考える ……………………………… 41

14　家庭に困難をかかえる生徒への指導を考える …………………… 43
　(1)　痛恨の想いを振り返る　43
　(2)　子どもの立場で見る　44
　(3)　長期的なスパンで取り組む　46

15　教師の仕事を考える ………………………………………………… 48
　(1)　教育の原点に帰る　48
　(2)　教育理論の必要性に気づく　50
　(3)　教育理論を学ぶこと　52

　おわりに　54
　【資料】『児童の権利に関する条約（子どもの権利条約）』（抄録）　56

1 席替えを考える

(1) たかが席替え，されど席替え

　担任をして，逃れられないのは席替えです。席替えが引き金となり引きこもってしまった生徒もいるなど，人間関係が希薄になっている現在の高校生にとって，席替えは天下の一大事です。最近は，席替えのソフトが出回っており，1週間ごとに席替えをするクラスもあるそうです。

　新学期当初は，生徒の名前を覚えるために，出席番号順に並べるという申し合わせをしている場合が多いようです。5月に入ると，生徒から「先生，席替え，しないんですか？」と，催促の声が出てきます。月に1回のペースで席替えをするクラスや，学期に2回ぐらいにとどめているクラスなどさまざまです。たいていの場合，くじ引きをしたあと，特別な事情のある生徒を担任が若干調整して決めることが多いのではないでしょうか。しかし，くじ引きで決めた場合に困るのは，うるさい生徒ばかりが固まってしまったり，いじめられている生徒がいじめている生徒と隣り合わせになったりすることです。どうにも都合が悪いときには，担任の「指揮権発動」で乗り切らざるをえません。

(2) 好きなもの同士で提案を

　私は，4月は出席番号順でいきます。5月になると，班長を集め，席替えについての意見を聞きます。そこで，担任の原案を出し，みんなが仲良くなれるように，好きなもの同士で座席を決めようと提案し，手順を示します。

　たとえば，40人学級の場合，まず，男女それぞれ3〜4人の好きなもの同士のグループをつくり，そのグループの男女の組み合わせを決め，班が決まります。次に，教室内の各班の場所を決めます。最後に，各班内での座席を決め，班長を選びます。

　生徒は，この提案をまず100％受け入れてくれます。仲のいい子と一緒になりたいというのは人情です。なかには，そのうわさを聞いて，「○○さんが一人ぼっちであぶれてしまう！」と心配して飛んでくる生徒もいます。「じゃあ，君のグループに入れてあげたら…？」と対応します。これですんなりいく場合もありますし，「入れてあげたいけど，無理です」という返事が返ってくる場合もあります。そのときには，「○○さんを入れてあげて」と，めぼしい生徒に声を掛けていきます。これで，生徒の問題の一端やリーダー的な生徒を発掘できます。こ

れが席替えの第一段階での私の狙いです。

(3) 席替えから班替えへ

好きなもの同士の班なので，必ず問題が起きます。掃除をサボる班や授業中騒がしい班など，問題の班が二つぐらい出てきたら，班長会を開き，「2班は掃除のサボリが多いし，4班は授業中うるさいので，席替えをしたいと思いますが，君たちはどう思う？」と班長の意向を確かめます。各班の状況を聞くことは，リーダーを育てるという意味で大変重要なことです。班長になったので，何とかしようとしているが，うまくいかなくてやる気をなくしている班長や，班がうまくいっているので評価してほしいと思っている班長もいます。正式に班長会を開くことによって，一人ぼっちではなく，ほかの班の班長や担任とつながっていると実感でき，自分たちがクラスを運営しているという自覚が育っていきます。

班長会で賛成が得られれば，クラスに席替えの宣言をします。そのときに，2班の掃除のサボリや4班の授業の私語が問題となり，それをなくすために席替えをするということをはっきり宣言します。班長会でも賛成を得ているので，「断固やる！」と強い姿勢を見せます。このときに，誰が文句を言うかをよく見ておきます。その生徒がリーダー候補なのです。

班長会で，担任の席替えの方法が否決された場合には，班長会で席替えの原案をつくらせ，クラスへは，班長会の原案と担任の原案を二つ提案します。

班長会の原案が出た場合には，事前に目を通して，不備な点を指摘し，クラスで可決されるように手を入れてやります。初めての原案がクラスで否決されてしまうと，リーダーがやる気をなくしてしまう危険性があるからです。

では，私の案を紹介しましょう。七つの班に分ける場合，男女別に1～7の番号を書いたカードをつくり，そのカードを引いて，まず男女別々に七つの班をつくります。あとは，前記(2)の手順で席替えを行います。班をくじ引きで決めるので，問題班は自然につぶれます。これで，生徒も班を意識しはじめるでしょう。

私は，席替えと班替えを，わざと混同して使っています。私が狙っているのは，班替えです。しかし，生徒は，自分の隣に誰が座るのかという席替えには興味津々ですが，班という堅苦しいものは嫌がります。そこで，席替えという言葉を使って生徒の興味をひきつけ，クラスづくりの世界へ誘うのです。

(4) 同調から信頼の関係へ

生徒が班替えに慣れてくると，次のような席替えもできます。

① 班長の立候補を募る。

② 班長が自分の班の班員を選ぶ。

③ 班長会を開き，班員選びの報告と調整をする。

そのとき，信頼できるリーダーに，次のような声をかけます。

「君は，もうAさんと離れたら？　同じ班でなくてもいいだろう⁉」

「いや！　友だちなのに……」

「信頼できる友だちなら，離れていても苦にならないだろう。それとも，席が離れていると君らの友情はつぶれてしまうの？　いつもそばにいないとつぶれるような友情ならいらないよ。まあ，無理しなくてもいいけどね」

「……やってみます」

「無理しなくてもいいんだよ。友情がつぶれたら大変だよ」

「……無理なんかしてません。Aとは，そんな安っぽい友情ではありません！」

「そうか，すごいなあ！……頼もしい君にお願いなんだけど，Bさんを君の班に入れてくれないか。今まで，つきあいはあまりないと思うけど，Bさんは，いろんなことをよく考えているよ。Bさんの世界をのぞいてみるのもいいと思うよ」

この教師の言葉に，リーダーは一見試されているようにみえて，自分が深く信頼されていることに気づきます。生徒は信頼されると，その信頼に応えようとします。しかも，教師の言葉のなかには，人間関係における新しい世界が提示されています。こんなやり取りをしながら，好きなもの同士の同調の世界から自立の世界へと誘うのです。

リーダーが育ってくると，クラスの力関係を読みきって，好きなもの同士でつくった班であぶれた生徒を，各グループのリーダー格の生徒と話し合い，最終的には譲歩させるべきところは譲歩させ，きれいにクラスをまとめあげたリーダーも出てきました。子どもの人間関係は，その関係のなかにいる生徒が一番よく知っているものだと感心させられます。

気の合う生徒と一緒の席になって安心感を得るという世界から，信頼しているから離れていても大丈夫という世界へ，子どもたちを誘うのです。席替えをするとクラスの問題点が見えてきて，その課題を生徒に投げ返すことにより，生徒同士がお互いの関係を考える機会をつくり出すことができます。ここに席替えのダイナミックなおもしろさがあるのです。

(5) **ときには仕掛けてみよう**

「先生，席替えしよう」という声があがったので，班長会で「どんな席替えをしたいの？」と聞きました。生徒の意見は，「くじ引き」「好きなもの同士」。

「『好きなもの同士』は，むずかしいよ。誰かがあぶれる可能性があるし，うまく七つの班ができるかな？」と投げかけます。

生徒は，本当は気のあったもの同士で座りたいので，授業中に私語が広がる可能性も高くなります。まじめな生徒はそんなことも心配しています。くじ引きでは，運を天に任せることになり，自分がいやな席に当たる危険性もあります。なかなか決まりません。いらだった男子から，「めんどくさいから『くじ引き』にしよう！」という声があがり始めます。

　ちょうど，頃合いです。「では，こうしよう。みんなが一番勉強できる班をつくろう。条件は二つ。①七つの班をつくること。②男女混合班にすること。君たちの知恵を絞って，楽しくて，しかも勉強のできる席を考えてほしい。君たちに任せよう。もう，高校三年生だからなあ。じゃあ，解散」。あくまでも，担任の意図はしゃべりません。

　では，担任の意図とは何でしょうか。それはわずかな言葉の使い方のなかに潜んでいます。「君たちに任せる。みんなが一番勉強できる座席をつくってみよう」。

　このような言葉を吐けば，「俺たちに任せてくれた。どんな席でもいいんだ。じゃあ，好きなもの同士にしよう」と解釈する生徒がいる一方，「班にまじめな子ばかりを集めれば，よく勉強できる」と考える生徒もいます。

　翌日から，班員選びが始まりました。人数がうまく合わなかったり，なかなか決まりません。休み時間には，蜂の巣をつついたように，教室のあちこちで話し合いが行われています。眺めていると，誰が中心になってクラスを動かしているかが，手に取るようにわかります。

　委員長が座席表をもって来ました。不登校気味のＪ子は３班でＮ子の隣りの席です。しかも班はちがいますが，やさしいＡ子とも隣同士です。Ｊ子への配慮は充分です。問題は４班です。うるさい生徒ばかりが集まってしまいました。予想されたことであり，それが私の目のつけどころでもありました。

　できた班をみて，１班のＫ子は「これでは４班がうるさくて勉強できない。教科の先生に迷惑がかかる」と，あくまでも優等生の発言をします。Ｋ子の班はほとんどが成績優秀者です。「私は，君たちに，一番学習しやすい席をつくることを提案した。そして，君たちはこの席を決めた。だから，心配しなくていいんじゃないの。心配ばかりしていても始まらないよ」と取り合いません。

　ここが勝負のしどころです。Ｋ子はもっと何か言いたそうでしたが，Ｆ子と顔を見合わせ，「私らの班だけは一生懸命勉強しようね」とうなずきあって引き下がってしまったのです。

　うるさい生徒が固まってしまったとき，席替えをしてうるさい生徒をばらしたり，

当該生徒を教師の目につきやすい一番前の席へ移動させたりします。もちろんこれは応急処置であり，静かにさせるそれなりの効果はあるでしょう。

　しかし，これで静かになった場合，一見問題が解決したように見えるかもしれませんが，問題を先送りしただけにすぎないのです。当該の生徒の心のなかに，学習意欲がわいて私語がなくなったのではなく，不利益をこうむるのが嫌で，あるいは教師との力関係に負けて静かにしているだけだからです。次の席替えでめぐり合わせが悪ければ，再び私語が復活することでしょう。

　うるさい班ができてしまったと考えるのではなく，集団に内在していた問題が顕在化したと考えます。取り組むべき課題が，クラスの前にはっきりと提示されたのです。あとは，生徒にその問題に取り組む動きをつくればよいのです。

　昼休みに，問題の4班を召集します。4班もなぜ呼ばれたか，よくわかっています。おもむろに用件を切り出します。
「君たちの班が授業中うるさいという苦情がほかの班や先生からも出ている。どうしてそんなにしゃべるの？」
「だって，授業がおもしろくないもん」
「おもしろくなければ，しゃべってもいいの？」
「そういうわけじゃないけど，仲がいいから，ついしゃべってしまうの……」
「まさか，君たち好きなもの同士で固まったのではないだろうね？」
「ちがいます」
「一番よく勉強できる班をつくったはずだよ。それが，このざまかい？」
「もう！先生，私らをいじめんとって」
「別にいじめているわけじゃないが，今のままでは君たちが心配でねえ」
「心配してくれなくても結構です」
「いやぁ，かなりやばいところへきてると思うよ。君らの班は，もうクサリ始めてるよ」
　ここで必要とされるのは，教師の演技力です。事前に考えておいた筋書きにそって，臨機応変に言葉を選んで対応するのです。

(6) 席替えから私語の取り組みへ

　いよいよ潮時，勝負をかけます。
「T子，君は，I子が嫌いなのか？」
「先生，なんでそんなこというの！」
「しかし，君たちの行動をみていたら，そうとしか考えられない」
「それって，どういうこと!?」
「H子，君は班長だからわかるよなぁ……？」
「先生，私らの班は，みんな仲良しです」
「（小さな声で）やっぱりなぁ……。この班はクサリ始めている……」
「どういうこと!?　うじうじ言わずには

っきり言ってください！」
「君たちが，望むのなら教えてあげてもいいけど」
「いいから，早く言って！」
「Ｔ子，君は，Ｉ子がいくつ赤点をもっているか知っているのか？」
「２，３個やろ！」
「Ｉ子，言ってもいいか……８個だよ」
「Ｉ子，本当……！　本当に８個もあるの？」
（Ｉ子がうなづく。）
「そんなＩ子に授業中ペチャクチャ話しかけるなんて，どういうつもりなんだ。Ｔ子，君は赤点もないし，指定校推薦で進路も決まっているからいいだろうが，Ｉ子が赤点で卒業できなかったらどうするのだ。Ｒ子も５つの赤点をもっているし……。Ｈ子もＹ子も赤点があるじゃないか」
「Ｉ子，ごめんな。知らなかったんよ」
「君らの友情って薄っぺらなものだね。仲よさそうにしていても，肝心のことは知らないのだからねぇ！」
　お互いの人間関係を垣間見ることができ，問題点が明らかになったので，これからどうするかという問題に入ります。
「これからどうするの？……相変わらずしゃべりつづけるの？……」
「もうしゃべらへん。……黙っとく……」
（とＩ子。）

「他の人は？……どうするの？」
「もうしゃべりません！」
　ここが勝負の別れ道です。さらに追いうちをかけます。Ｈ子のほうをチラチラみながら話します。
「（つぶやくように）やっぱりな！……　その程度か？……　」
「君たちは，一番よく勉強できる班をつくったのじゃなかったの？　全員黙っていて，勉強ができるの？」
　このあたりが，我慢のしどころです。教師が片をつけるのではなく，つかず離れず寄り添いながら，子どもたちの考えをまとめあげていくのです。
　さりげなく，Ｈ子を一瞥します。Ｈ子はお調子者だが，正義感があり，クラスのことに熱くなれる生徒です。勘のいいＨ子が，思わず叫びました。
「じゃあ，みんなで発表しよう。発表したら，それだけ覚えるし……，みんなで相談したら勉強になるやん……」
　このような意見が子どもから出てくるのは，日頃の授業のやり方と密接に関係しています。板書して説明するだけの授業では，このような意見を引き出すことはできません。授業には，生徒同士で相談をしたり，意見を発表したり，教師の説明に耳を傾けたり，授業のテーマをもとに教師と生徒，生徒同士の間に対話がなければなりません。そこで培われた力

は生活指導にも生きてくるのです。

　さっそく，学級通信を出しました。もちろん，タイトルは「4班の決意！」です。4班の班会議で決まった授業の対策を公にします。彼らにとって一番怖いのは，仲間の目です。学級通信で公にすることによって，クラスの視線が4班に注目します。担任が目を光らせていなくても，クラスのなかに支えあう力と批判しあう力が育つかということが肝要です。

　授業で発問をすると，H子が「は～い！」と元気よく手をあげます。I子も珍しく真剣な表情です。4班の緊張している雰囲気がぴりぴりと伝わってきます。結局，この日は4班の全員が発表しました。授業が終わると，H子が「やったぁ！　さすが4班や！」とはしゃいでいます。

　優等生のそろっている1班のところへ行き，「最近の4班はどう？」と声をかけます。優等生のK子が笑顔を見せながら答えます。
「いいよ。よくがんばってるみたい」
「うかうかしていると，君たちのほうが負けるんじゃないの？　4班は全員発言したよ」
「大丈夫。1班は無敵です」
「そうか，それはよかったなあ」
　私のねらいは，4班ががんばっていることを1班に印象づけることです。

　4班の問題点は，欠点だらけの成績をかかえて友だちが困っているのに，互いにそのことにはふれず，私語の世界に逃避していることです。席替えをきっかけとして，その関係を突き崩していくことが，私の指導のポイントです。こうすれば，席替えは，教師にとって一つの楽しみになってきます。

(7) 席替えから学習会の取り組みへ

　中間考査の前に取り組んだ「学習キャンペーン」は，次の期末考査のときに思わぬ効果を発揮しました。試験が近づいてきたので，「学習キャンペーン」を呼びかけると，Y子は残りたくないので，「早く帰ろう」とI子やH子を誘っています。しかし，I子は逆にY子を説得しはじめたのです。「学習会に行こう。絶対成績上がるよ！　私は行くよ」と。

　こういうとき，教師は一歩下がるべきだと思います。I子は前回50点近くも点数が上がったという強烈な思いがあります。その思いをY子にぶつけてくれるでしょう。教師に言われるより，友だちに言われるほうがずっと効果があります。

　自分の思いを他人に訴えることは，とりもなおさず自分の意見が試されることになり，自分の言葉を自分で再吟味することになります。

　I子の説得は成功し，Y子とH子が学習会にやってきました。もちろん教師が

「来い！」と強く言えばY子も参加したでしょうが，それではY子とI子との間にあたたかい心のつながりは生まれなかったでしょう。ささやかですが，学習をめぐって互いに相手を思いやる世界をつくりあげていくことが大切なのです。

② 授業中の私語を考える

　授業中の私語。これは，教師にとって手ごわい問題です。なんといっても教師の仕事の大半は授業が占めています。授業がうまくいくと，「生活指導」もやりやすくなります。4月当初は，新しいクラス，新しい先生，新しい教科書に，多かれ少なかれ期待感があります。しかし，ゴールデンウィークが終わったころから，怪しくなってきます。よく，初めが肝心と授業びらきのときに厳しく説教をしたり，態度点と称して忘れ物や私語をすると，大幅に減点したり教室から追い出したりすることがあります。しかしこのような教師の対応は，その場は問題行動が収まり指導が成立したかに見えますが，生徒に腹立たしさを与え，むしろ逆効果となることが多いようです。

　では，どうすればよいのでしょうか。もちろん，基本的には，授業で生徒の意欲をかきたて，学ぶ喜びをひきだすことが大切です。そうすれば，活気のある授業が成立し，私語は消えます。優れた教材を扱っているときに教師がしゃべる声を段々小さくしていくと，生徒もより耳

をそばだてて集中して聞いてくれます。

 しかし，こんな授業を年間通じてすることは無理です。多忙を極める日々の生活のなかでは，もっと教材研究をしたくても，見切り発車で教室に向かわねばなりません。そんなことのほうが多いかもしれません。要するに，そんなときのための応急処置も必要なのです。

 たとえば，最初の授業に全力を注ぎ，おもしろく，あっといわせる教材を準備します。この授業はおもしろいという第一印象を植え付けると，生徒は授業を心待ちにします。生徒の心に芽生えたこの気持ちが私語を抑えてくれるのです。

 その後，もし，うるさくなってきたら，できるだけ早い時期に，突然口に指をあて「シーッ！」と真面目な顔で注意を喚起します。これは小学生のときによく経験した方法なので，やんちゃな生徒が二，三人，おもしろがって「シーッ！」とまねをしてきます。なんともいえない温かい雰囲気のなかで，ぴたりと私語が止みます。私語をしていたやんちゃな生徒たちが「シーッ！」とやるのだから，静かになるのは当たり前です。さらに追いうちをかけます。真面目な顔で穏やかに「静かになりましたねぇ……。（クラス全体を見回しながら）誰が，一番うるさかったのでしょう？……さあ，もっと静かにしてみましょう。……いいですねぇ。……さあ，この静けさを最初に破るのは誰でしょう？」。

 このような今まで聞いたことのないようなセリフに，生徒たちは，一瞬とまどいながらも，それでいて親近感を抱いたまなざしをむけてきます。またうるさくなったら，私が黙って口に指をあてると，生徒のほうから「シーッ！」という声が飛び交い，再び静かになっていきます。

 「教育困難校では，そんなことでうまくいくとはとても思えない」という声が聞こえてきそうですが，私の経験からすれば，困難な学校の生徒ほどのってきます。「静かにしなさい！」と，全国津々浦々小学校から高校まで至るところで使われている月並みな言葉を切り札として使うのは，あまりにも安易すぎるのではないでしょうか。「静かにしなさい！」ではなく，穏やかに「静かにしてください」というだけでも少しはちがいます。

 グループ学習をしている場合には，学習リーダーを集め，授業の問題点を話し合わせ，対策を考えさせます。生徒はしばしば，教師が思いつかないすばらしい案を考え出してくることがあります。私語という生徒たちの問題を，教師が全部かかえこんでしまうとしんどくなります。もぐら叩きのように，こちらを注意しても，またあちらと，きりがありません。グループ学習では，日ごろの活動から，

私語の問題に取り組ませることも比較的容易です。教師がしゃべったことをひたすらノートに書き，試験に備えて暗記するような授業では，静かであればあるほど授業はやりやすくなります。そのため，私語のない，静寂の世界が求められるのです。

「私語をなくすこと＝生徒を沈黙させること」ではありません。これは，ついわれわれ教師が思いちがいしがちなことです。確かに静かな授業は，教師にとって気持ちがいいものです。自分が喋っていることが，どんどん生徒に吸収されているように感じられます。授業の過程では，そういう場面も必要でしょう。生徒の琴線に触れるような語りができた場合には，コトリとも物音がしません。

学習の過程では，教材や教師の発問に対して，疑問や自分の意見をつぶやいたり，発表したり，他人の意見に耳を傾け，自分の考えとつき合わせたりする作業が必要です。そのことを私語は妨げます。そういう意味において私語は排除されるべきですが，授業に静寂の世界を求めるべきではないのです。

基本的には，私語とたたかう方法は，子どもたちに意見を発表させることです。意見を発表しあうなかで，授業のなかに緊張と集中が生まれ，私語が消えていきます。

遅刻指導を考える

(1) 遅刻を自分たちの問題に

遅刻がだんだん増え，毎日，7～8名，さらに10名を超えるようになってきました。これでは，1時間目は授業になりません。こんなとき，つい説教に頼りがちですが，それでは一時的には遅刻が減っても時間が経つにつれてまた増え，また説教といたちごっこになります。

遅刻を減らすには，次の二つの点に注意することが必要です。

① 遅刻ゼロという目標は立てないこと。
② クラスのなかに遅刻のことを考える生徒の動きをつくること。

「無遅刻，無欠席でがんばろう」という目標を掲げるクラスがありますが，このような目標は，破られるためにあるようなものです。40名もいれば，身体の弱い生徒もいるし，さまざまな家庭環境をかかえている生徒もいます。そんな状況のなかで，無遅刻・無欠席の目標は，達成不可能です。達成不可能な目標は，生徒に挫折を教えるだけになりかねません。

無遅刻，無欠席で登校していたまじめ

な生徒が，遅刻をしたので理由を聞いてみると，毎朝一人暮らしのおばあちゃんのところへお弁当を届けているのだけれど，仕事が忙しくて疲れてしまったお母さんが寝坊をし，お弁当をつくるのが遅くなり遅刻をしてしまったというのです。この生徒をクラスの目標を破った生徒と評価するのでしょうか，それとも思いやりのあるやさしい生徒と評価すればよいのでしょうか。

　遅刻が増えてくるとホームルーム運営委員会や班長会などを開き，遅刻の問題を生徒に投げかけます。生徒のなかに，お互いに遅刻をなくそうという雰囲気ができないかぎり，基本的に遅刻はなくなりません。遅刻は，自分たちの問題であることを生徒に突きつけるのです。

　まず，センセーショナルな学級通信を発行します。「クラスがクサリ始めている！」というタイトルで遅刻の現状を訴えます。一日の遅刻の人数，遅刻の多い人は一週間に何回ぐらいしているのか，遅刻のワースト5は誰かなど，2週間のクラスの遅刻の状況を載せます。そして，昼休みに班長会を開きます。今回の班長会のメンバーは，正副委員長・風紀委員・各班の班長です。このメンバーのなかには，朝になったら腹痛を起こす生徒，食べると吐きたくなるという拒食気味の生徒，単にぐずぐずしているために遅刻が重なった生徒などがいる一方で，遅刻ゼロの生徒も3名います。

　班長会では，遅刻の目標を1週間で延べ35名以下としました。先週の遅刻の延べ人数が54名であり，1日平均11名となっていました。そこから，ちょっと気をつければ直る遅刻数を引いたものです。

　クラス全体の目標が決まると，各班の目標を立てます。ここが班長の腕の見せどころです。そんなに遅刻を減らせないと粘る班員や，これぐらいできると迫る班長などさまざまです。各班の目標ができると，合計してクラス全体の目標に収まっているかどうかを検討します。クラス目標を超えている場合は，各班の目標をもう一度見直してもらいます。

　この取り組みが始まると，クラスの話題は遅刻一色。予鈴が鳴ると，班長は教室の入り口で遅れそうな生徒に，「早く，走れ！」などと，叫んでいます。遅刻ぎりぎりの生徒が教室へすべりこむと，わぁっと歓声が上がります。遅刻をした生徒は，班長に一生懸命謝ったり，言い訳をしたりしています。

　結果は，1週間の遅刻延べ人数31名で，見事目標を達成しました。学級通信で，クラスの健闘ぶりを褒め称え，もう一段高い目標に挑戦させます。次はクラス目標15～20名ぐらいで取り組みます。やる気になっている生徒はこれも達成します。

そして、このあたりで取り組みをやめます。問題をかかえたままの生徒に遅刻ゼロを要求することは、その生徒を追い込みかねないし、遅刻がゼロになったことでクラスの問題が解決したと錯覚を起こしてはならないからです。

この遅刻の指導で、一番重要なことは遅刻が減ったことではありません。それ以上に大切なことがあるのです。

まず、クラスの班長会が開かれたことです。すなわち、クラスの問題に取り組む組織ができたことです。

第2に、その班長会でクラスで取り組むべき原案を検討したことです。クラスのリーダーによる原案の作成、クラスへの提案・決定、班で取り組むというクラスづくりの基本的なレールが敷かれたのです。

第3に、遅刻問題を通じて相手の立場が見えるようになったことです。互いに相手に声をかけて励ましあったり注意をしあったりして、相互理解が深まったのです。

遅刻をしたときに、草ひきなどの罰を与えるというような指導と比べてみると、どちらの指導が生徒の自主性を育てているかは一目瞭然です。

手間ひまがかかりますが、教師の仕事は、生徒が自分たちの周りで起こっている問題に対して、主体的に取り組む場合に必要とされる技や仕組みを教え、支援していくことだと思います。

(2) 生徒の心に寄り添う遅刻指導

C子は、1年生のときに授業を受けもっていた生徒です。とくに目立ったところもなく、いわゆる「普通の生徒」です。3年生になって再び授業をもつことになりました。ある日の放課後、廊下で生徒と雑談していたところ、C子が通りかかり、一緒に輪に加わってきました。C子が「先生、どうしよう。私、遅刻がやばいねん。あと、4回遅刻したら、親呼び出しやといわれた。先生、助けて！」、「先生、モーニングコールで起こして！」と訴えます。あまりにも必死な表情に、つい「いいよ！」と答えてしまいました。「先生、ほんまに、してくれるの！……ありがとう。絶対やで。起きるまで、オニ電（何度もしつこく電話すること）してよ！」。

当時はあまりにも遅刻が多かったので、一学期間に15回以上遅刻した生徒は、指導部が親を呼び出し、厳重注意をするという指導が行われていたのです。

大型連休を挟んでいたので、最初の日、うっかりと私は電話をするのを忘れていました。廊下で出会ったC子から、「先生、電話してくれなかったやろ！」と猛烈にくってかかられました。これは、本気かなと思いつつ、平謝りして、明日から忘

れずオニ電をする約束をしました。

翌日の午前6時20分，電話を入れます。呼び出していますが，出ません。かけ直します。4度目にＣ子の眠そうな声が聞こえてきました。学校で会うと，「先生，ありがとう。間にあったよ！」と声をかけてきます。また，電話をしようと思った矢先，Ｃ子から「先生起きたよ！」と電話が入ったこともありました。これは，案外うまくいくかなと思っていたころ，ある日，モーニングコールでは起きていたのに，学年の黒板を見ると遅刻者の欄にＣ子の名前があがっているのです。理由を聞いてみると，早く起きたので，その後お風呂に入り，結局遅れてしまったということでした。

そこで，モーニングコールの時間を6時50分に変更しました。Ｃ子は，いつも7時前に一度目を覚ますのですが，二度寝したり，ぐずぐずしていて遅れるのです。この時間であれば，あまりオニ電をしなくてもよくなりました。2〜3回のコールで電話口に出てきます。

次に，頃合いを見て，「最近すごいね！電話に出るのが早くなったね。もし君が先に目を覚ましたら，もう起きてるよとメールをいれて！」「わかった！　がんばるわ！」。こうして，4日に1回ぐらいはＣ子からメールが入るようになりました。

Ｃ子のモーニングコールの訴えを引き受けたときから，私が考え続けていたのは，実は，どのようにしてこのモーニングコールをやめるかということです。電話をかけることは簡単なことですが，Ｃ子の自立を考えるなら，いつかは自分で起きられるようにしなければなりません。そこで，メールを利用しようと考えたのです。メールなら料金も安いし，高校生に一番なじんだコミュニケーション手段だからです。

大人が誠意をみせてかかわってやれば，子どもはそれに応えようとします。誠意をみせても，それを鼻にかけたり，あるいは説教を添えたりすると，子どもは横を向いてしまいます。さりげなく，自然体で誠意を見せることがコツです。先生が毎日モーニングコールをしてくれている。自分ががんばって起きてメールをすれば，先生がモーニングコールをしなくてすむ。この気持ちに期待するのです。

メールは，最初は1週間に1回ぐらいでしたが，多いときには週に3回ぐらいＣ子からメールが入るようになりました。4月の1カ月間で10回ほど遅刻をしていたＣ子が，モーニングコールを始めた5月の初旬から7月初めの約2カ月間で，遅刻はわずか3回に減りました。大きな成長です。1学期の終業式の日，Ｃ子から「起きたぁ！　やっと乗りこえたぁ！

いつも起こしてくれてありがとう！」とメールが入りました。

　これで遅刻の回数はリセットされます。2学期は、また0回からカウントが始まります。2学期は、C子の遅刻の回数が危なくなるまでは、モーニングコールはしないでおこうと考えたのです。そのために、9月の下旬、廊下で会ったときにさりげなく声をかけました。

「もう、遅刻やばいんじゃないの？　モーニングコールしようか？」
「先生、遅刻はまだ1回しかしてないで。すごいやろ！」
「本当⁉　すごいね。もう、昔のC子じゃないもんね！」
「もう大丈夫です？」
「1学期は、1カ月で10回だからねえ。まあ、成長したとはいっても2カ月ももつかなあ？　危なくなるのは、10月の終わりころかな？　年をとると、何でも心配になってねえ」
「まかしといて！」

　こんな会話を交わした。その後も時折、C子に声をかけたが、いつも「もう大丈夫」という返事が返ってきました。最終的に2学期は、あと6回を残して遅刻指導を乗り切ったといいます。成長したものです。

掃除の指導を考える

(1) 掃除と仲間意識

　高校生は、掃除が下手です。「先生、掃除、終わった」という声に教室を眺めてみると、いたるところにゴミが残っています。ゴミ箱の下や教室の隅っこにはとくに多い。掃除の様子を眺めていると、箒（ほうき）の使い方が無茶苦茶です。家庭で箒を使うことなどまずなくなってしまったのですから、一概に高校生ばかりを責めることもできません。

　今の日本は、クリーンすぎるほどクリーンです。街を歩いていても、臭気やゴミ・汚物などに出くわすことはめったにありません。全国津々浦々、公衆トイレも美しくなりました。包装品のゴミは大量に出ますが、あまり手を汚すこともなく食事ができるようになっています。掃除も掃除機でゴミを吸い取り、汚れはスプレーでさっとひと噴き、使い捨てのクロスでふき取ればすみます。ところが、学校の掃除は依然として、一昔前の箒と雑巾によるものです。かつては、学校は文化の先端を走っていました。家にないものでも、学校にはスライド・ビデオ・

コピー機などがありました。今は逆です。便利なもの，新しいものは，家庭から先に入ってきます。

　もう一つは，居場所の問題です。昔，学校にはゆったりとした時間が流れ，のびのびと学ぶ時間がありました。今は，競争原理に追い立てられ，できる，できないの評価がはっきりと刻印されてしまいます。一部の者にとっては居心地がいいけれども，大半の生徒にとっては将来の見えない場となってしまっています。生徒がそんな気持ちでいるかぎり，教室を美しくする気持ちになるでしょうか。平気で床にゴミを散らかしています。ちょっと注意をしようものなら，明らかに不機嫌になり，恥じ入る様子もありません。逆に，「先生ってきれい好きなの？」と，非難がかった言葉を浴びせてきます。公衆トイレは汚しても家のトイレは汚さないのと同じように，家庭と学校を使い分けているようにも思えます。

　しかし，HR指導がうまくいき，クラスに仲間意識が生まれてくると，生徒は教室の後ろの黒板にほどよい落書きをしたり，賞状などで教室を飾り立てようとします。大掃除のときに，「先生，何してるん？」と，近寄ってきた生徒に，「わがクラスを磨き上げているんだよ」というと，「私も磨く！」といって嬉々として掃除を始めます。

「私たちのクラスだ！」という仲間意識をつくり上げること，これが教室をきれいにする近道だと思います。

(2) サボりで掃除に来ない生徒をどう指導するのか

　掃除の指導で，頭が痛いのは，サボりをどうするかということです。教育雑誌にも，「高校生は，なぜ掃除をサボるのか？」という特集まで組まれる始末です。自分が担任しているクラスの場合には，サボりが増えてくると，班会議や班長会議を開き，対策を生徒と相談し取り組んでいくことができます。遅刻の指導と同じで，クラスづくりの一環として位置づけることができます。

　困るのは，担任でないときの掃除指導です。クラスづくりと切り離して考えなければならないので，個別指導として割り切らざるをえないからです。

　サボりが出た場合には，同じ掃除班の生徒に，サボっている生徒の状況を聞いておきます。本当にサボりなのか，忘れているのか，何か事情があるのかなど。そして，次回の掃除のときに，サボった生徒に対して「今日，掃除やで」と声をかけてくることを班員に頼んでおきます。

　次回の当番の日や授業のあとで，本人に声をかけます。
「前回はどうしてたの？」
「あっ，忘れてた。先生，ごめん」

「じゃあ，次は大丈夫だろうね？」

「先生，絶対行くわ！」

（しかし，来なかったので，また声をかけます。）

「待ってたんだけど…。来なかったねぇ」

「ごめん，先生，また忘れてた」

「そう，よく忘れるねえ！　でも，掃除に行くとき，M君が君に声をかけたと言ってるよ。聞いてなかった？」

「なんか言うてた」

「そうか，ちゃんと言うてくれてたんやなあ。私も声をかけたし，M君も声をかけてたのに，忘れてたん？」

追求は，これぐらいにしておいて，「じゃあ，今日は君にがんばってもらわなきゃ」といって，その生徒と一緒に黒板とか，ふき掃除など，何か一つ，付きっきりで掃除をし，ピカピカに仕上げます。彼が掃除をやりきったなら，最後は，みんなに，「今日は○○君もよくがんばってくれました。黒板の溝がピカピカになりました」と念押しをします。

ねらいは，ほかの生徒たちに，彼も掃除をするんだという事実を見せつけることです。その実績づくりをするのです。日ごろ掃除をサボる生徒ですから，一人ではできないので，教師が付きっきりで励ますのです。掃除をサボる生徒には手間ひまをかけて，付きっきりでかまってやるのです。

(3) 掃除をきちんとしない生徒をどう指導するのか

もう一例をあげましょう。A男は掃除はするが，きわめて仕上げが雑です。掃き掃除をしたあともゴミがいっぱい残っています。A男を見ていると，箒を振り回したり，ほかの生徒に話しかけたりと，気持ちはあらぬ方向に飛んでいます。まじめなC子がちらちらとA男の様子を見ています。気になっているのです。そこで私は，やおら箒を手にし，A男の掃きこぼしたゴミをていねいに掃いていきます。A男は，相変わらずの調子でゴミを残したまま掃いていきます。

その様子を見ていたC子が，「A男，ちゃんとやりよ！　先生がやり直しをしてるやん。はずかしい！」と叫ぶ。掃除の終了時に，「A男はまだ一人ではできないが，私とペアでやれば，こんなに上手にできるんだ！」と言っておきます。

次の掃除のとき，またA男がふらふらと掃除をしています。「A男，手伝おうか？」と私が声をかけると，すかさず周りの生徒から「A男，先生とペアでないとできないのか？」という声が飛びます。A男は，慌てて「大丈夫です。一人でできます」と答えます。「A男，先生に手伝ってもらったほうがいいぞ！」と周りの生徒が囃し立てます。A男は「やるときにはやるんだ！」といって一生懸命やり

だします。

このようなやり取りのなかで、生徒との関係づくりをしているのです。このようにして、よくサボる生徒を、教師や生徒同士の関係のなかに取り込んでいくのです。生徒は、周りの生徒との親密なかかわりを認識できないときには、相手の言うことに気を払いません。これは、生徒同士だけでなく、生徒と教師の場合でも同じです。一定の親密な人間関係のないところでは、いくら叱っても効果は期待できません。

生徒の間に親密な人間関係ができてくると、ホッと心が和む場面に出くわすことがあります。ゴミ捨てジャンケンをしていたとき、やんちゃなM男とおとなしいⅠ子が残りました。M男が、「次、俺、絶対チョキ出すわ！」と宣言しました。その言葉を聞いて、やさしいⅠ子は、顔をゆがめ「そんな……」と困り果ててしまったのです。しかし、本当に当惑させられたのは、M男のほうでした。駆け引きをためらうⅠ子の姿に「そんな優しさを見せられたら、あかんわ。ごめん、俺が悪かった。普通にじゃんけんをしよう」と謝ったのです。優しさには思いやりで応えようとする高校生の姿に、ホッとさせられる場面でした。

5

携帯電話の指導を考える

(1) 授業中の携帯電話

携帯電話は、あっという間に広がり、携帯電話を持っていない生徒は学年で一人か二人ぐらいです。ここまで普及してしまうと、携帯電話を学校へ持ってくることを禁止している学校は少なくなっています。禁止から、マナー指導に変わってきたように思われます。

携帯電話の指導で困るのは、授業中に携帯電話をいじることです。取り上げて放課後まで預かったり、厳しいところでは３日間預かるという場合もあります。

しかしこの指導は、一昔前の漫画の指導と同じです。サラリーマンが通勤電車のなかで漫画を読むという空前の漫画ブームのとき、教室には漫画が溢れかえっていました。授業中に漫画を取り上げ、教卓にうずたかく積み上げたこともあります。いくら取り上げてもなくならず、いたちごっこです。単純化していえば、授業がおもしろいか、漫画がおもしろいかの問題であり、解決策は授業をおもしろくするしかないのです。しかし、毎時間生徒をひきつけるおもしろい授業をす

るのは至難の業です。ときには，応急処置が必要になります。

　授業中，漫画を読んでいる生徒がいたら，しばらくは放っておきます。最初は，ちらちらと教員のほうを見ながら読んでいますが，そのうちだんだん大胆になって夢中になってきます。授業の切れ目に，静かに近づいていきます。気がつかないのは本人だけ。板書を終えた周りの生徒たちは，決定的な瞬間を逃すまいと私のほうを見やります。「預かりましょう」と落ち着いた声で話しかけ，静かに手を差し出します。要するに虚を突くのです。
「先生，ごめん，もう読まへんから」
「預かりましょう」
「ほんまにごめん。もう絶対に読まへんから。信じて！」
「そうですか。では信用しましょう」
　再び，授業を始めます。ほとんどの生徒は，これで漫画を読むのをやめます。しかし，なかにはしつこい子がいて，しばらくすると隙をみてまた読み始めます。また，静かに近づき，声をかけます。
「絶対読まへんと約束したのではなかったのですか？　預かります」
「先生，ごめん，これ友だちの漫画やねん」
「それなら，なおさらです。大切な友だちの漫画なんでしょう？　約束を守れない君が持っているより，私が預かったほうが安心です。授業が終わったら返します。もし，私が返すのを忘れていたら，必ず声をかけてよ。友だちの大切な漫画なんでしょう」

　元気なクラスでは，「おまえの負けや。早く渡せ！」と合いの手が飛びます。

　携帯電話でも同じです。少しせりふを変えてみます。携帯電話をいじっている生徒に，頃合いをみて静かに近づきます。「この携帯，すごいなあ。手にぴったりなじむし，色もいい。これぞ私が探していた携帯や！　ありがとう」というと，本人も慌てはじめ，周りの生徒も「おい，早くしまっとけ！　取られてしまうぞ！　もうやめとけ」とたしなめます。これで潮時と判断し，「欲しかったのになあ！」とつぶやきながら，教卓のほうへ帰ります。なぜ潮時かというと，まず，本人が「先生，ごめん」と，謝罪の言葉を述べていることです。それと，周りの生徒が，とくに矢面に立っている生徒と仲のよい生徒が，教師のほうが正しいというニュアンスの発言をしているからです。

　このような指導が効果を発するためには，生徒との間に信頼関係ができていないとむずかしいです。話のわかる先生のいうことだから耳を傾けようとしてくれるのです。生徒と信頼関係を築くには，誠実に付き合うしかありません。授業は一生懸命教え，連絡事項や，生徒と約束したことはきちんと守ることです。生徒

の忘れ物は叱責するけれども、教師が忘れていた場合には謝ることもなく言いわけに終始することが多いようです。生徒が一番よくみているところです。

(2) 携帯電話によるトラブル

メールのやり取りによるトラブルが増えています。面と向かって相手の表情を見ながらではなく、間接的に思いを交換するメールでは誤解を重ねることが多くあります。出会い系サイトにアクセスし、犯罪に巻き込まれる生徒もいます。

掲示板による誹謗中傷の嵐や、嫌いな生徒に対して、皆で嫌がらせのメールを一斉に送るといういじめも行われています。爆弾メールやなりすましメールという嫌がらせも出現しています。爆弾メールは、一度に膨大なメールが送られてくるので迷惑この上ありません。なりすましメールは、他人になりすましてメールを送ってくるので、知人だと思って安心して開いてみると、ウィルスに感染するという厄介なものです。このような被害に遭わないように、生徒たちに十分情報教育をすることも大切です。

ネットを使った新しい犯罪が起こると、生徒に携帯電話を禁止する動きが出てきます。しかし、それで問題は解決しません。ネットやメールは便利なものだし、これを使わずに仕事や生活をすることは、ますますできなくなっています。こんな犯罪の仕掛けをしこしことつくっている大人を取り締まって欲しいものです。

(3) 自分で管理する力を育てる

ある私立高校では、禁止していた携帯電話を解禁したといいます。約2カ月間生徒会で話し合い、「校内では電源を切る」と決定。マナーモードでの使用許可を求める声もあったものの、「けじめがつかない」との声が大半であったそうです。

「自分たちの問題には、自分たちで取り組む」という意識が生徒の間に育ちつつあるように思われます。「自由には責任が伴う。ルールに沿って使いたい」という生徒会長の言葉が頼もしく感ぜられます。

学校指定の携帯電話を持たせるという試みをしている学校もあるそうです。しかも、学校指定の携帯電話はGPS機能がついており、生徒がどこにいるかいつでも把握できるといいます。「子どもをトラブルから守りたい」という教師の善意はうかがえますが、『子どもの権利条約』に保障されている「子どもの意見表明権」や「内心の自由」はどうなっているのか疑問に思われます。

当面は教師が管理するが、生徒にルールをつくらせ、少しずつ管理を教師から生徒に委譲していき、そしていつかは生徒に管理をゆだねるという見通しをもった指導をすることが大切だと思います。

頭髪・ピアス指導を考える

(1) 頭髪や服装指導の基準はあるのでしょうか

　教師にとって悩ましいことの一つに，頭髪やピアス，あるいはスカート，制服など，身だしなみの指導があります。生徒にとっても逆の意味で，一番気になる部分です。

　1970年代の学園紛争のころは，服装・頭髪の自由化は反体制運動のスローガンの一つでした。しかし現代の高校生は制服好きです。理由を聞いてみると，今しか着られないからという返事が返ってきました。今の制服は，オシャレなものが多く，そのかわいい制服にちょっと変化をつけて，プチ・オシャレを楽しむのだといいます。

　髪の毛の色やスカートの長さにしても，便宜的に決めているだけであって，絶対的な基準はありません。法的には個人の自由に属する事柄ですが，一定の秩序を守るために便宜的に校則で制限しているだけです。

　したがって，服装違反をしている生徒，ピアスをはずさない生徒，要するに学校の規則を守らない生徒を，すぐに問題児とみなさないというゆとりをもつことも大切です。

　校則も時代とともにかわっていきます。昔は，男子の頭髪は丸坊主と決められていましたし，グループサウンズのコンサートに行くことも禁止されていました。エレキバンドも禁止だったのですが，今では高等学校文化連盟の軽音楽部門に堂々と発表の場が認められています。しかし，卒業式のころになると，ときには服装や頭髪違反をめぐって式場に入れる，入れないの問題がニュースで流れることがあります。

　2，3年前のことですが，「髪が耳にかかり，校則に違反する」という理由で，兵庫県の高校の卒業生3名が別室に待機させられ，卒業式に出席できなかったという報道がありました。同校の規定では，男子の頭髪については，「自然な状態でワックスなどは禁止」「襟，耳にはかからない」「眉を越えない」とあり，当該の生徒は「規定より少し伸びた程度」だったといいます。学校長は，「厳しい指導の結果，学校も生徒も地域で信頼されてきた。こうした結果になり残念だ」と，コメントを発表しています。

　服装・ピアスの指導は，いたちごっこに終わり，積み木崩しのような疲労感を覚えます。生徒指導部が厳罰主義の体制

を確立し、一定の線を引き機械的に処理していくと余裕がなくなり、問題が起こりやすい状況になってしまいます。

現代は、職場に業績主義がもち込まれ、生徒も教師も進学実績に追い立てられています。実績が下がると学校に対する世間の評価が落ち、優秀な生徒を集められない。指導に手のかかる生徒が増え、生徒指導に追いまくられることになります。この悪循環を断ち切るために、一線を画そうというのです。生徒指導に追いまくられていたのでは、進学競争のスタートラインにも立てないというのでしょうか。

服装や礼儀ということになれば、法や規則で簡単に規制できるものではなく、成長の過程で吸収してきた文化や価値観などに基づいてつくりあげられてきた人格からにじみ出るものです。有無をいわせず、校則に従えというかたちで育てることのできないものだと思います。

次から次へと新しいピアスをつけてくる生徒たち。ひどい場合はピアスを10個ほどぶら下げている生徒もいました。このような生徒に、校則を守れといっても心に響きません。なぜ、そこまでピアスにこだわるのか、その内面を共有する努力が必要となります。成績が悪く、進級できるかどうかもわからない。学校もおもしろくない。ほかにしたいこともない。そんな先の見えない苛立ちのなかで、唯一自由にできるのは、わが身だけしかない。ピアスをつけることで自由を取り返しているともいえます。もしそうならば、彼、あるいは彼女の心の闇は深いといえます。どうすれば、その闇に光を照らすことができるのか。教師として、やりがいのあるテーマだと思います。

(2) 厳罰主義を乗りこえるために

厳罰主義には、三つの問題点があります。まず第1は、生徒の言い分を表現する場が閉ざされていることです。生徒は、黙って指導を受け入れろということになります。生徒の言い分が考慮される余地はありません。生徒の言い分を聞き入れていると、処分に軽重が生じ、不満がたまる原因となりやすいからです。言い分を聞いてもらえないので、生徒は黙って従うようになります。納得できなくても、ごちゃごちゃいわれるよりも、黙ってその場をやり過ごし、教師の目の届かないところで自分を出すほうがうるさくなくてよいのです。生徒の心のなかにはぽっかりと空洞ができているのですが、学校側からみれば、指導の効果があがったと映ります。この食いちがいがおそろしいのです。

生まれつきのくせ毛や髪の色が薄いため、頭髪検査に引っかかるので、ストレートにしたり、染色している場合もあります。一時期、管理主義が強化されたこ

ろ，くせ毛証明書や茶髪証明書などの提出を保護者に強いた例もありました。逆の場合もあります。手を加えることを禁止されているため，生まれつきのくせ毛のままで登校せざるをえず，それが嫌でたまらず，「気にするな」と励まされても，とても割り切れないというわけです。

　高校生の時期は，自分の身体や，外見が気になる年ごろです。性格や容貌などからもたらされる劣等感は，仕事などをやり遂げて評価され，少しずつ自分に自信がついていく過程で払拭されていきます。他人からみればなんでもないことに悩んでいる場合が多く，励ましても，何度も落ち込んでしまいます。これは，さまざまな過程を通して乗りこえていくしかありません。成長には，時間がかかるのです。

　厳罰主義の第2の問題点は，校則やルールを決めるときに，生徒を排除してしまうことです。校則やルールには，学校側が一方的に決めてよいものや，保護者や生徒の意見を取り入れて決めるべきものがあります。たとえば，文化祭や体育祭を行う場合にも，全体の枠組みは，教育の一環として教師サイドで決めることが多いですが，生徒会の力量に応じてレクリエーション種目などの取り組みやすいところから，生徒会の各種委員会を動かして生徒に決めさせる訓練をすること

も大切なことです。物事を決めるにはさまざまな能力が必要です。その力を高校生につけるのです。決められたことをただ素直に守るだけでは，自立への道ははるかに遠ざかってしまいます。遅刻や掃除のサボりの問題なども風紀委員会や美化委員会を動かして生徒に取り組ませることもできます。生徒の自主的な取り組みということと，生徒に任せっきりということは同じではありません。生徒の自主的な取り組みを支援する教師の指導も必要なのです。

　厳罰主義の第3の問題点は，生徒の否定的な行動を外見だけで判断し罰するので，その内面を知ることができないということです。生徒が否定的な行動を見せるときには，その裏に何があるのか，生徒の心を推し量ることが大切です。悪ぶった行動を繰り返し，タバコを吸って謹慎処分を受けた女生徒が，その行動の底に母親への愛情に飢えていたということがあり，また，授業中よく居眠りしていた生徒が，母親から虐待を受け外泊を繰り返していたこともありました。遅刻の問題でも同じです。罰を与えただけでは治りません。生徒の生活をまるごと変えていくしかありません。それには生徒の力が絶対に必要となるのです。

　要するに，頭髪やピアスや服装の指導は，ほどほどにしておくことです。一定

の規則をつくったら，適用するときにはある程度柔軟に個々の生徒の状況に応じて考慮することが大切です。髪の毛を染めたから，スカートが短いから，ピアスをつけているから，などと一喜一憂しないことです。子どもの心のなかの悩みや戸惑いをつかみ，さりげなくアドバイスしたり，寄り添ったりすることによって子どもの信頼をつかみ，頼られる大人として生徒の前に立つことです。ピアスやスカートの長さや髪の毛などより，もっと大切な問題について相談しあえる関係ができれば，その問題について話したあと，そろそろ髪の毛も元に戻したらと水を向けると，案外すっと受け入れられることがあります。とくに，生徒の悩みに一緒に取り組み，ある程度光が見えてきたときには，すっと受け入れてくれます。しかし，これは1年ほどかかる長い道のりです。

私のクラス指導のビジョンでは，4月・5月は，担任と生徒，あるいは生徒同士が仲良くなる時期。6月・7月は，生徒の地が出てきて，クラスが後ろ向きに進んでいるかのように見える時期。9月・10月になると，リーダーが育ち，担任も生徒から一定の信頼を得て，クラスが前向きに進む時期。11月・12月になれば，自立に向けてしっかりと歩みだしたクラスメイトの姿に触発され，自分もがんばろうと，生徒同士の新しい関係が築き上げられる時期に到達します。こうして，このクラスを離れたくないという雰囲気ができて，クラスのなかは和やかな空気に包まれます。子どもたちの声に耳を傾けていると，一時的にはクラスの規律が乱れることもありますが，クラスが崩壊してしまうことはありません。自立するためには，大人に十分に甘えて自己肯定感をしっかりと育てる必要があるのです。子どもを信頼して，こつこつと誠実に付き合ってゆくと，徐々に光が見えてくるのです。

行事の指導を考える

(1) 行事の指導で育てるもの

学校には文化祭，体育祭，遠足，球技大会などさまざまな行事があります。担任なら誰でも，わがクラスが上位に入賞し，クラスの雰囲気を盛り上げたいと願うでしょう。そこで，担任は「さあ，みんなで力を合わせて優勝をめざそう！」と呼びかけます。しかし，残念ながら優勝できるのはひとクラスしかありません。優勝できたクラスは盛り上がっていいけれども，ほかのクラスは惜しかったなあと慰め合うしかないのでしょうか。そこで，行事は何のためにするのかということを振り返ってみる必要があります。

行事の目標は，クラスづくりです。そのために，具体的には，次の四つの目標に沿って指導していきます。

① 原案，修正案などの作成を通して討論の仕方を教える。
② リーダーを育てる。
③ 行事に取り組む組織をつくる。
④ 作品をつくりあげ，達成感を得る。

もちろんこの四つすべてを達成して優勝できれば最高ですが，優勝できなくても，原案のつくり方を学んだり，リーダーが育てば，クラスは成長し，次の行事に取り組むたくましい力が育っているのです。

(2) 球技大会を盛り上げる方法

球技大会や体育祭の場合は，クラスに運動のできる生徒が多いと盛り上がります。ある年，私のクラスには，スポーツの得意な生徒がまったくといっていいほどいませんでした。夏の球技大会は3種目ありましたが，体育の教師にたずねると，わがクラスは入賞はおろか，1回戦に勝てるかどうかだといいます。そこで，私は一計を案じました。「1勝すれば，ジュースをおごろう！」，これが私が考え抜いた学級通信のタイトルです。生徒の力量の少し上の目標を設定し，努力させるという指導の原則に戻っただけです。がんばればできるかもしれないという気持ちにさせなければ生徒は動きません。逆にこの気持ちになれば，「よし，やってみよう！」と行動を起こします。

球技大会の目標は，優勝することでははありません。クラスの生徒たちの交わりを深めることです。そのため，「クラスの試合は，全員で応援すること」という条件を一つつけました。

学級通信を見て，これでジュースはもらったと生徒たちは大喜びです。まだ，「全員で応援すること」という条件の重

大さには気づいていない様子です。

　一つ勝てばジュースを飲めるのだから，負けても落胆しません。「次，勝てばいいのや！」ときわめて元気です。試合が終わった時点で，委員長が各班長に点呼の指示をします。全員そろっておれば拍手が起きます。相手クラスの生徒が不思議そうな顔で眺めています。「試合に負けたのに，なぜ盛りあがっているのだろう？」と。

　行事をすると生徒の動きがよく見えてきます。しっかりしていると思っていた生徒が案外もたもたとしていたり，逆に突然頭角を現す生徒もいます。

　これは，教師だけでなく，生徒の間でもいえることです。「先生，あの子は口だけで何もしてくれない」とか，「○○さんはすごいよ。いつも残ってくれるよ」と，不満や喜びの声が担任に寄せられます。子どもたちの目に，クラスの人間関係が映し出されているのです。

　この声は，クラスの問題をかかえている生徒に取り組むきっかけとすることができます。Y男という生徒がいました。小学校のときは優等生で成績抜群，生徒会長にも選ばれ，スポーツ万能の人気者であったそうです。ところが，中学生の後半から崩れ始め，問題児のレッテルを貼られてしまったらしいのです。

　母親の話では，「Y男は，私学の有名校でラグビーをしたい」といっていましたが，「お金がかかるので公立高校で我慢して」と頼んだそうです。それ以来，勉強しなくなり，夜遊びにふけるようになったといいます。

　折りにふれ話したところでは，Y男が葛藤しているのは，自分の国籍と将来に対する漠然とした不安でした。Y男の父は陸上競技をやっていましたが，国籍ゆえに国体に出場できなかったといいます。この重い課題を背負い生き抜いていくためには，自分のことを一緒に悩んでくれる大人と，同年代の仲間が必要です。いつでも相談できる仲間がいる，いつでも帰れる居場所が必要なのです。

　「1勝すればジュースをおごろう！」の取り組みは，このY男を意識したものでした。子どもたちは，試合の勝敗よりもクラスの応援に全員がそろっているかどうかを固唾を呑んで見守っています。試合が近づくと，女の子たちがY男の手を引っ張ってコートへ連れてきます。男女共学はすばらしい。男の子には女の子を，女の子には男の子を全権大使に立てればうまくいくようです。球技大会が終わったころ，幾人かの女子が，「先生，Y男って，怖くないよ。笑うとやさしいよ」と声をかけてきました。

　最終的にクラスは1勝し，生徒はジュースが飲めると大はしゃぎです。一人で

7　行事の指導を考える

行動することの多かったY男がみんなと楽しそうにジュースを飲んでいる姿に，私はとてもいい気持ちで一杯でした。

(3) 文化祭の取り組み

2年生の担任をしていたときのことです。文化祭の出し物を決めるために班長会を開きました。映画をつくろうという意見が圧倒的でした。というのも，班長7名のうち3名は，1年生のときに映画をつくり，3年生を押しのけて最優秀賞を獲得したときのクラスの実行委員であったからです。映画づくりであの感動をもう一度味わおうというのでしょう。

このまま映画づくりに決まれば，賞を取ることが目的となってしまうような気がしました。文化祭の目的にはもっと大切なことがあります。しかし，映画づくりを否定すると，生徒のやる気をそいでしまいます。そこで映画づくりについて徹底的に討論させることにしました。一番意欲的なK子に，映画をつくりたいのなら，その原案をつくってきなさいと指示しました。原案づくりについては，1年生のときに徹底的に訓練をしたK子なので，十分その力はあります。そのとき私は，K子に「よい映画をつくるにはお金がかかります。生徒会の補助金だけではとても足りません。去年もそうだったでしょう。少なくとも，一人千円ほど集めないと無理だよ」といっておきました。

これでHR討論が巻き起こるはずです。

原案に「いい映画をつくるために千円集めます」という一文を見て案の定クラスにざわめきが起こりました。

「千円も出すのなら，映画なんかつくりたくない」とか，「何で千円もかかるの？」などの疑問が続出しました。

原案の説明が始まりました。Y子が昨年度の経験に基づいて自信をもって説明していきます。経験に基づいているだけに説得力があります。クラスの雰囲気は大きく映画づくりに傾いていきました。

そのとき，7班のM子が展示の対案を出しました。伊丹空港をめぐる公害問題をみんなで調べて発表するという内容で，これなら自分たちの校区の問題だし，お金もかからないし，学習になるというのです。対案が出たということで，討論はにわかに熱を帯びてきました。千円を出すのはイヤだというメンバーが展示に傾き始めました。絶対映画の案を通すと息巻いていたY子の顔に不安がよぎります。今，多数決をとれば，たぶん映画に落ち着くだろう。私としては，どちらに転んでもよく，大切なことはもっと討論を深めることです。そこで私は，継続審議を提案しました。

放課後，私はM子に，「展示であれば，①予算内でできる，②身近な問題を深めることができる」という点を強調して対

案をつくるようにアドバイスをしました。

　次のホームルーム。7班の班長のM子は，6班に働きかけ，すでに展示の案への賛成を取り付けています。一方，Y子は，昨年度のクラスの映画の実行委員であったT男に働きかけ，3班の票をまとめきっています。要するに，お互い二つの班の票をまとめているので，票数はほぼ互角になっていると予想されます。しかし，Y子を中心とした映画派には，昨年総合優勝に輝いたという実績があります。Y子もM子も，具体的な案をもとに熱弁を振るいます。討論が白熱してきました。採決を取ったところ，1票差で映画派が勝ちました。クラスは，真っ二つに分かれてしまいましたが，徹底的に討論しているのでしこりはありません。議論のない多数決は，いくら圧倒的な票をとってもクラスとしてはまとまりません。安易にまとめるのではなく，論点をはっきりさせて意見が対立するように仕組むことも，担任の力量の一つだと思います。

　討論させるとき，担任の立つ位置も大切です。最初は，担任が議長をやってみせ，生徒が力をつけてきたら，徐々に任せていきます。そのときには，生徒のなかに入っていき，議論が盛り上がるようにアドバイスをします。生徒の動きに応じて，指導内容が変わるのです。

8 学級通信を考える

　担任をすれば，一度は学級通信を出した経験があると思います。しかし，学級通信を続けることは，かなりのエネルギーが必要です。いざ，出そうと思っても書くことがなく，連絡事項に終わり，だんだん読まれなくなってしまう。そうすると，出すのがしんどくなり，ついに挫折してしまいます。日刊の学級通信を出している人，週刊で発行している人，クラスが行事で活躍したときだけ出すとか，さまざまです。どれがよいとは，一概にはいえません。必要に応じて自分にあったスタイルをとればいいと思います。

　では，学級通信にはどんなことを載せればいいのでしょうか。私の場合，大体，次の七つくらいに集約されます。

① クラスの問題について，担任が考えていることを知らせる。
② 担任やクラスのリーダーから，クラスに提案することを載せる。
③ クラスの活動を励ましたり，進捗状況を知らせる。
④ クラス活動への担任の評価を載せる。
⑤ クラスのちょっといい話やがんば

っている生徒の話などを載せる。
　⑥　新聞記事や図書紹介などを載せる。
　⑦　行事予定などの連絡事項を載せる。
　私は、とくに①②③④に重点をおいています。発行は不定期で、行事のときは集中して発行します。出し物の提案をしたり、クラス討論の評価を載せたり、行事の取り組み状況を見て励ましたり、褒めたり、ほんの少し挑発したりと、臨機応変に記事を書きます。必要なときには、朝のショート・ホームルームと終礼とで、一日に2回発行することもあります。

　一番やりがいがあるのは、学級通信でクラス全体に仕掛けるときです。たとえば、前記3(1)で登場した「クラスがクサリ始めている！」や7(2)で登場した「1勝したらジュースをおごろう！」のような学級通信が配られ、教室が蜂の巣をつついたような騒ぎになる姿を見て、私は一人でほくそ笑みます。

　生徒に好評なのは、誕生日コーナーです。月初めに、その月の生徒の誕生日を載せて祝福します。労少なくして、生徒が喜んでくれるので楽しくなります。

　クラスの話題を拾い上げるために、いつも一口サイズのメモ用紙を持ち、生徒に配って気軽に書いてもらい学級通信に載せている先生もいます。学級通信は、気負わずに、気軽に発行することです。クラスに一陣の涼風が吹けばよいのです。

読書指導を考える

(1) 朝の読書の取り組み

　読書指導としては、"朝の読書"の取り組みが、小・中学校を中心に広く行われています。高校でも、いくつかの学校での取り組みがあります。朝の読書の取り組みの場合、きちんとやらない生徒に対して、叱り飛ばして無理やり読ませるという事態に陥ってしまうと失敗です。朝の読書では、教師も黙って一緒に読書をし、静かな時の流れをみんなで共有するところにその価値があるのです。

　しかし、小・中学校で読書の経験が少ない生徒を相手に高校で初めて朝の読書に取り組む場合には、少し工夫をしなければうまくいきません。

　国語科からの提案で始まった朝の読書でしたが、必ずしも生徒や教師に大歓迎で受け入れられたわけではありません。読む本を持ってこない生徒もおり、それを見越して、各クラスに学級文庫を置いていましたが、そこには読みたい本がないと文句を言う。何とか選ばせても、読む気がなく、となりの生徒に話しかけようとする。叱り飛ばしてはいけないとい

うので，当該の生徒の横に行き，私語をしないように約10分間にらみつけていたという担任の報告もありました。笑い事ではありません。明日はわが身です。

そこで，次のような工夫をしました。4月当初のLHRの時間に，約20分読み聞かせをしました。書物は，『わかったか，白血病。相手みてからけんか売れ』で，次のような前口上を述べます。「人間というものは，すごいもので，よく本を読んでいると，本屋で本を手にしただけで，その本がすごいかどうかわかるようになってきます。この本も手にしたとき，これは！と手ごたえがありました。読んでみると，本当にすごい！ちょっと紹介したいと思います。さて，みんなにはどうでしょう」と。

2年のときから受けもっているK男やN男が，「はい，はずれでした！」と茶化します。もうすでに読み始めている生徒もいます。ゆっくりと，感情を込めて読み上げます。私語が急速に消えていき教室の空気がピーンと張りつめます。私は，少しずつ，朗読の声を小さくしていきます。とかく教師の間で話題にのぼるI子やY子，K男やN男も夢中で文字を追っています。

この本の続きをプリントし，朝の読書の時間に冊子にして持ち込みました。ねらいは当たり，みんな飛びついてきまし

た。4月以来，"朝の読書"は，毎回，静寂に包まれた時間が流れています。要するに，「何を読んでいいかわからない」という生徒の声に応え，壁を乗りこえたのです。

(2) 読書への誘いに挑戦

昼休みに，ほかのクラスのK子，S子，H子，F子が社会科準備室へやってきました。K子が代表して，「先生，この本の第1巻，ある？」といいます。見ると，私のクラスの学級文庫の本を手にしています。児童虐待の本で，アメリカの児童虐待史上ワースト・ワンといわれている事例が取りあげられています。『itと呼ばれた少年』『ロースト・ボーイ』『デイブ』の3部作で，K子が手にしているのは，『ロースト・ボーイ』です。この第2部を読んで感動したK子は，第1部の『itと呼ばれた少年』を読みたくなったというのです。

次の日，今度は，またちがうクラスのE子，M子，D子がやってきて，同じように『itと呼ばれた少年』を貸してほしいといいます。一体，これは何が起こっているのでしょうか。同じ本を求めて，いろんなクラスの生徒がやってきます。しかも，該当の生徒たちは，みんないわゆる手のかかる生徒たちです。『itと呼ばれた少年』は，クラスのY子が借りているので，ほかの虐待の本を貸してあげ

ました。E子は,「先生って,虐待のマニア？」と言いつつも,目を輝かせながら借りていきました。M子もD子も「Y子が読み終わったら,私に一番に貸してよ！」と念を押します。

　Y子から本が返ってきましたので,彼女たちに聞いてみました。
「どうして突然みんなで同じ本を借りに来たの？」
「修学旅行のとき,先生から借りて読んでおもしろかったのを思い出して読んでみたくなったから……。あのとき,ちょっとしか読めなかったので……」

　修学旅行のとき,スキー実習の見学者に備えて,学年で20冊ほど本を用意していたのです。実習の2日目,北海道でも珍しいといえるほど吹雪きました。翌日,体調を崩した見学者が増え,ホテルのロビーで読書する生徒の姿がみられました。1月の下旬のことです。表現は悪いのですが,ちょうど「撒き餌」のようのもので,先のことを見越して"えさ"を撒いておいたのです。したがって,本を選ぶときには慎重に選びます。今までの経験から生徒に絶対に受ける本を選びました。1月に撒いた種が6月に芽を出したのです。もちろん,撒いたときには,芽が出てほしいという願いはありましたが,こんなに大きな反響を呼ぶとは思ってもいませんでした。

本を彼女たちに渡したところ,すでに借りる順番を決めていたようです。「先生,私,1週間待ちで読めるのよ」というH子の笑顔が印象的でした。本は順調に回し読みされています。廊下を歩いていると,彼女たちが,「先生,もうだいぶん読んだよ」「もうすぐ読み終わるよ」と声をかけてくれます。

　毎年,30～40冊ぐらいの本を生徒に貸し出しています。貸しているというより,生徒が借りに来るといったほうがいいでしょう。貸し出すきっかけは,ふとしたことがきっかけになります。生徒と雑談をしているときに,「じゃあ,この本でも読んでみる？　おもしろいよ」と勧めてみるのです。また,準備室へ付き添いできた生徒が,待っている間に積み上げている本にパラパラと目を通し,「先生,この本借りていい？」というケースもあります。最初の1冊があたると,生徒のほうから「先生,ほかにおもしろい本ないの？」とせがんできます。要は,生徒のほうから「貸して！」といわせることです。そのために,私は次の三つのことを守っています。

　①　いつも生徒の目にふれるところにおもしろい本を積み上げておく。
　②　本を貸すときには,「おもしろくなかったら,読まなくてもいいよ」と付け加えること。おもしろくない

本を無理して最後まで読んで，本嫌いになるよりは，読みつづけないほうがよいという配慮です。
③　おもしろい本のダイジェスト版をつくっておき，HRなどで時間が余ったときに，読み聞かせをする。

　この関係が卒業後も続くことがあります。二人の卒業生が，ぶらりと学校へやって来ました。一人は市役所に就職し，忙しくて学校へ来る暇がなかったといいます。もう一人は，短大で保育を専攻し，将来は保育士をめざしています。思い出話に花を咲かせたあと，帰り際，準備室の書棚を見て，「高校生のとき，よく借りて読んだなあ。先生，また借りていい？」と，二人で20冊ほど借りていきました。

　はるか沖縄の大学に進学した生徒から，メールを受け取りました。「今，教育学の講義を受けています。ふと思い出したのですが，先生の書棚にあった日本史の本は何という本でしたか。今度，模擬授業をすることになりました。その本を参考にしたいのですが……」と。また，小学校の教員をめざしている卒業生が，「先生に教えてもらった不登校の本の話が，大学の授業でも出てきてびっくりしました。もう一度，じっくりと読み直しています」とメールをくれました。いずれも思いがけない話で，なぜかうれしくなります。

10 謹慎指導を考える

(1)　指導の糸口をつかむという気持ちで

　タバコ，バイク，暴力事件などが起こると，特別指導が行われます。もっぱら謹慎処分が主流のようです。

　特別指導の場合にやってはいけないことは，すべてを吐かせなければならないと，テレビドラマのごとく大きな声で脅したり，延々と何時間にもわたって取り調べることです。

　事情聴取が長引きそうなら，その時点で，家庭に連絡を入れ，事情を説明しておくべきです。また，昼食の時間帯にまたがる場合には，いったん打ち切って食事をさせる配慮も必要です。

　事情を聞く場合，あくまでも子どもたちが起こしたトラブルをどう解決したらよいのか，その解決の糸口をつかむために，絡まった事情を聞くという姿勢が大切です。大きな声で脅して，「すべて吐きました！」と得意げに報告している教師がいますが，それは教師としての力量が優れているということではありません。ある程度事情をきいたら，納得のできない部分があったとしても，灰色の部分は

灰色で済ますしかありません。すべてをつかまなければ指導ができないわけでないのです。

生活が乱れ，問題を起こしてしまった生徒は，自分が見えなくなってしまっている場合が多いのです。そこで学校長が懲戒権を使い，一本の楔をうちこみ，生徒が自分の生活を見直すきっかけをつくり，指導の俎上にのせていくのです。あくまでも，懲戒処分は見せしめのために使うものではありません。そもそも懲戒という行為は教育につきものですが，決して乱用されるべきものではありません。

懲戒処分（学校教育法施行規則第26条）には，次の三つがあります。

① 訓告処分（訓告・厳重注意・口頭注意）指導要録に記載の必要なし。
② 停学処分…指導要録に記載。
③ 退学処分…指導要録に記載。

お気づきのように，謹慎処分は学校教育法とその施行規則には書かれていません。停学処分にすると，指導要録に記載しなければなりません。記載すると，調査書に書かなければならないし，記録として後々残されていきます。これでは，本人の不利になる可能性があることから，現場では謹慎処分という言葉を使うようになったのです。特別指導を受け反省した生徒が，調査書に処分が記載されていたことにより不利益を被った場合，これは二重の懲罰にあたります。

(2) 処分の言い渡し

謹慎処分の場合，謹慎期間を言わない場合がほとんどです。3日間の謹慎であっても，当分の間とか，反省ができるまでという風に表現します。まだ，大半の学校が期間を明示せずに処分の言い渡しをしているのが現状でしょう。これは，はっきり期間を伝えてしまうと，適当にその期間を過ごして反省もせずに終わってしまうことを防ぐためにとられている措置です。

しかし，親の立場に立ってみるなら，無期家庭謹慎といわれると，いつ終わるともわからないし，仕事の都合もあります。「どうすればいいのか？」ということになります。実際，期間を明示しなかったために急に親が態度を変え，学校との関係がこじれてしまった例もあります。

処分を行うかぎりは，期間を明示すべきであると思います。落ち着いて考えてみるならば，指導がうまくいかなかったのは，期間を明示したためだとはいえないでしょう。要するに，まじめにやらないと謹慎は解けないぞと，一種の脅しをかけていることになります。また，2回，3回と特別指導が重なると，処分が重くなるというケースがありますが，二重の懲罰を避けるという観点からあわせて早急に検討すべき課題であると思います。

(3) 家庭訪問で守るべき市民のマナー

　家庭訪問をする目的は，子どもがおかれている状況を見極め，子ども理解を深めることです。そして，親や子どもに適切なアドバイスを送り，励ましながら，子どもがかかえている問題を一緒にのりこえることです。

　家庭訪問で大切なことは，市民生活のマナーを守ることです。反省文だけ適当に書いて，寝坊をしたり，テレビを見たり，「優雅な」生活をしているのではないかと心配になる気持ちはよくわかりますが，いきなり朝早くから訪問するというようなことは控えるべきです。また，家人の許可なく，部屋に上がりこむことも避けるべきです。そのときには，玄関口で話をするしかないと思います。

　生徒の家庭の様子をつかむことは，指導上大切なことです。生徒が中学校の全国大会へ出場したときの記念写真が飾られていたり，足の踏み場もないほど家のなかが散らかっていたり，訪ねていくと豪邸で「いらっしゃいませ。どうぞおあがりください」と，学校でのその子の姿からは想像もできない情景を目にすることもあります。百聞は一見にしかずです。しかし，市民生活のマナーを破ってまで家庭訪問が優先されるものではありません。

(4) 指導の押しつけを戒める

　K男は，おとなしい生徒でした。積極的にクラス活動に参加するというタイプではありませんが，かといってサボることもありません。成績も平均よりちょっと下ぐらいですが，欠点を取ることはありません。とくに問題もないので，つい，教師の視野から抜け落ちてしまいがちな生徒でした。

　このK男がバイクに乗ったということで謹慎処分になりました。事情聴取にも素直に応じ，反省文もよく書けていました。私としては，ここまで順調に来ているので，スムーズに謹慎処分も解除されるであろうという見通しのなかで，K男がクラスへ復帰してからのことを考えていました。K男に欠けていることは，積極的にクラス活動にかかわる姿勢でした。ちょうど，クラス役員の改選が迫っていて，K男に立候補をしないかともちかけてみました。乗り気ではない様子でしたが，最後には，「やってもいい」という返事を得ました。この旨をクラスのリーダーに話し，K男が出てきたら立候補の支援体制をつくろうと考えました。

　しかし，クラスに復帰したK男は，頑として立候補を受け付けません。リーダーの生徒も説得するけれども，首を縦に振りません。ついにK男の立候補はあきらめることにしました。ずいぶんあとで

10　謹慎指導を考える　33

わかったことですが、K男は、バイクの件で、自分がそんなに悪い事をしたという意識はなかったのです。というのは、友だちと神社の前を通りかかったとき、たまたまバイクが乗り捨てられてあって、バイクを乗り回す気はまったくなかったのですが、バイクにまたがり、キイをいじったりして遊んでいたらしいのです。ちょうどそこへ、教員が通りかかり、見つかってしまったというわけです。処分をめぐって教員の間でも疑義があったようですが、結論は謹慎処分に落ち着きました。おとなしい生徒だけに、一切いいわけはせず、いわれたとおりにしたというのです。

しかし、K男の本音は、別にバイクで走ったわけでもないし、エンジンすらかかってないのに謹慎とは厳しすぎるということでした。まわりの生徒も、「運が悪かっただけや」と同情しています。

したがって、K男の反省文はいわば偽りの反省文です。それを、私は、消極的な自分を変えたいというK男の言葉をきっかけに、クラス役員への立候補という提案へとつなげてしまったのです。指導の正当性がなければ、生徒はどこかで無理をするものです。謹慎中に担任から働きかけられれば、生徒としては断れないだろうと思います。今でもほろ苦い思い出として、残っています。

11 無気力な生徒・成績不振の生徒への指導を考える

(1) 君は大切な存在だよ

無気力な生徒にやる気を起こさせるには、その生徒に、自分が大切な存在であるということを実感させることができるかどうかが大きいと思います。そのためには、その生徒に徹底的にかかわってあげることです。誠実にかかわることで、「君は大切な存在なんだよ」というメッセージを送り続けるのです。

I子は、2学期の欠点科目の合計が24単位もあります。1・2学期通算の成績では、欠点科目が22単位。卒業の条件は、不認定科目が10単位以内。ただし、I子は1・2年生で英語を合計5単位落として進級しています。したがって、彼女は最後の試験で欠点を4単位以内に抑えなければ卒業できません。悪いことに、3学期が始まるとインフルエンザで出席停止になり、ほとんど授業を受けられないまま試験に突入してしまいました。結果は、世界史3単位とリーディング5単位、合計8単位が欠点でした。追試でリーディング5単位を絶対修得しなければ、卒業できないので世界史は受験せずに、

リーディングだけに賭けました。

I子が「追試を受けても通らへんわ」と母親にいうと，「それやったら，学校辞めたら」といわれたそうです。

追試の前に補習があります。1日目は，教科担当者のところへ行き，試験範囲と補習の日程を聞きにいきました。5単位なので範囲も広く，試験の範囲を二人で確認しますが，プリントがかなり抜けています。テキストも1冊足りません。I子は，「もう無理だ！」の連発。とにかく，一緒に英文を読み，訳していきます。I子が「先生，カメって何？」って聞いてきます。見ると，cameと書かれていました。2時間で20行ほどできましたが，これではとても試験の範囲まで間に合いません。本人も，「先生，もうあかんわ！」といいます。

この指導で，大事なことは，最初に担任の私がI子の勉強に一緒に2時間つきあったことです。I子一人では，くじけるのは目にみえています。一緒に勉強しようと声をかけたときに，I子がのってくるかどうかがポイントとなります。そのためには，それまでに，I子と担任がどういう関係を築いているかが大切になってきます。

「とにかく，やるしかない」と，厳しい表情で励まします。ちょうど，そのときK子がやってきました。K子が，プリントがあるから持ってきてあげるといいました。テキストはN子に借りるといいます。さっそく，携帯電話で連絡を取りました。

I子が帰ったあと，M子にI子に励ましのメールを送ってくれるよう依頼しました。M子は，「そういうことなら，まかしといて！」と二つ返事で引き受けてくれました。

M子は中学のとき，リストカットをしていた生徒です。2年生のとき，I子がクラスで浮いてしまったときに，全然面識もないのに，そっと励ましてくれたといいます。3年生のクラス発表のとき，M子が同じクラスにいるのを見て，I子は飛びついて喜んでいました。M子は，学年末考査が終わったあと，「先生，I子卒業できますか？」と心配して私にメールを送ってきていました。

I子の勉強の様子をみていた同室のほかの教員が，「あれじゃ無理だな！」と同情してくれます。確かに，光が見えてきません。土曜日，日曜日，励ましのメールを入れます。次の月曜日，登校するや，I子が土曜日と日曜日に勉強したところを誇らしげに見せます。思っていたよりもはるかに多く勉強している。ひょっとしたら，合格するかもと，淡い期待をもちました。

月曜日・火曜日と教科担当者から補習

を受けます。この日も励ましのメールを入れます。夜、I子から「明日、先生は朝何時に来てる?」とメールが入ります。返信をすると、「早く学校へ行き、勉強したい」との返事でした。朝、7時半にI子がやってきました。

「先生、やっぱり無理や! わからんところがいっぱいや!」と訴えます。

「やめる?」と、私。「イヤッ! がんばる! おかんに無理やというたら、やるだけやってみたらっていうてた」とI子が嬉しそうに答えます。前述の「それやったら、学校辞めたら」という母親の言葉はI子にとってとてもショックだったと思います。それから考えると大きな前進です。I子ががんばっている姿に、母親も気持ちが変わったのでしょう。

追試は9時半からです。必死で復習をやるけれども、忘れてしまったところが次々に出てきます。I子は弱気になって、そのたびに、「やるしかない!」ときっぱりと励まします。

追試を終えて、本人は、「先生、だめだった!」と沈んだ顔。K子やM子から「どうだった?」と心配のメールが入ります。追試の結果は、合格。なんとか、ギリギリで合格点に達していました。

日ごろは、元気なI子ですが、勉強のことになるととたんに弱気になります。一人では勉強できないので、マンツーマ ンでつきそい、励ましながらやるしかありません。「がんばれよ!」「絶対卒業しろ!」という言葉だけの励ましでは、がんばりきれません。周りの生徒と家族の励ましのなかで、具体的に勉強したという事実を積み上げ、一歩ずつ進むことが大切だったのです。

(2) 生徒の気持ちを深くつかむ

生活指導で大切なことは、生徒のことをよく理解し、揺れ動く生徒の内面を察することです。面と向かって相談できなかったとしても、「担任が自分の悩みを察してくれた」ということを生徒本人が感じることができると、それが本人の大きな支えとなることがあるからです。

H子は、2年、3年と2年間担任をしました。2年生のときから、欠席と遅刻が多く、1学期の末には、あと2時間休めば欠時オーバーという科目が出る始末でした。また、年間の遅刻総数が100回を大幅に超え、クラスで最多でした。なんとか、励ましながら2年生を終えましたが、3年時も1学期終了時点でまた同じような状況に陥ってしまいました。

母親は、音楽教室の講師をしており、小さいとき、H子にもピアノを教えていました。H子は音感のいい子どもであったといいます。ところが高校1年生のとき、音楽の成績が欠点スレスレ、2年生の1学期は欠点でした。H子の得意な科

目だけに，母親はどうすればいいかわからないと訴えます。教科担任にその旨を伝え，その理由と今後どうすればよいかを母親に話しました。

　H子は絵が非常に上手です。2年生の文化祭でクラスで壁画を作成したとき，その下絵を中心になって描き，みんなをうならせたことがあります。その様子を学級通信に載せていました。当然，親も見ているので，少しは，担任の私に対して好感を抱いてくれていたのでしょう。日ごろの小さな積み重ねが，思いもよらないところで活きてくることがあるものです。もちろん，花の咲かないことも多いのですが……。

　三者懇談が終わったあと，母親が，「ちょっとあんたは席をはずして」とH子にいいました。H子は，廊下の窓に寄りかかり外を眺めています。はっきりとは聞こえないけれど，H子には，母親が私に何を話しているかはわかっていたと思います。

　先生にぜひ知っておいて欲しいことがあると，母親が切り出しました。話の内容は，H子が中学2年生のとき，父親が癌になり，それを苦に，H子が高校1年生のときに父親が自殺を図ったというものでした。「母親が生活を支えながら，必死に看病を続けているのに，死を選ぶなんて，なんて弱い父親なんだ」と父親を嫌うようになり，家にあまり居付かなくなり，友だちの家から学校へ行ったりするようになったということでした。

　この話を聞いたあと，H子と応対する私の態度に明らかな変化が生じました。ゆったりと，包み込むように構えられるようになりました。2学期が始まり，H子の様子に変化がみられました。休まなくなり，遅刻をしてもSHRだけになりました。以後，数回，1時間目の授業に遅刻したことがありましたが，あとは休まず卒業までこぎつけました。

　1月の半ば，H子は専門学校への出願手続きをとりました。専門学校への進学なら，たいていは10月・11月で終わっています。こんなに遅くなったのは，高いお金を出して進学する値打ちがあるのかどうか，ふんぎりがつかなかったからです。母親は，本人が希望するなら何としてでも行かせてあげると以前から話していました。

　私は，父親のことについて，一切ふれていません。H子から父親のことにふれてくれば話題にしますが，私からあえて取りあげはしませんでした。取りあげたところで，私には何もできないからです。

　H子の場合，ポイントは，母親がH子の苦悩を私に打ち明けてくれたことです。私は何もしていないのですが，H子に対する私のまなざしが変わり，彼女もその

11　無気力な生徒・成績不振の生徒への指導を考える

ことを敏感に察知し，H子に寄り添うことができ，少しは気持ちが楽になったと思われます。若いころ，ある研究会で「生徒が心のなかに抱いている切なさを共有すること」の大切さを学びましたが，このとき，その言葉がふと思い出されました。

12 受験の重圧をかかえた生徒への指導を考える

(1) 偏差値がすべて……

　I子の話をしましょう。3年生の新クラスになって，ようやく生徒たちも互いに慣れたころ，教室でも進路の話が多くなってきました。「F子，どこの短大へいくの？」，「○○短大」。このやり取りを耳にしたI子が，突然，大きな声で，「○○短大？　何，それ！　そんな短大あるん!?　偏差値どれぐらい？」と，馬鹿にしたような発言をしました。F子は泣き出し，友だちのM子が「進路は，人それぞれや」とかばうように言い放ちました。

　個人面談の日，「進路のこと，どう考えてる？」と聞くと，I子は堰を切ったようにしゃべり始めました。今，有名進学塾に通っており，2年生の半ばから偏差値が上がり，あとひと踏ん張りすれば志望校にも手が届くところまできていると，塾の先生にいわれたというのです。東京の「一流」大学へ絶対に行きたいといいます。「なぜ，東京へ行きたいの？」と聞いて見ると，「東京の『一流』大学でないと，一流企業へ就職できないから」という返事が返ってきました。

「これからは，『一流』大学を出ただけでは就職できないよ。たくさん本を読んだり，いろんなことに挑戦して，私にはこんなことができますというものを身につけないと」と，ここまで話したとき，Ｉ子は動揺したような態度で，「私，何か変なこと言った?!」とたずねます。生まれて初めて「一流」大学へ行くことに疑問をさしはさまれたのかもしれません。

彼女の生活は，塾を中心に回っていました。昼休みには，会議室で受験勉強をし，6校時の授業が終わると終礼を無視して脱兎のごとく学校を飛び出します。

「どうして，終礼のとき帰ってしまうの？」とたずねると，「終礼なんか受けてたら塾に間に合わへんやろ！」と非難するような目でにらみつけてきます。間に合わないわけではないのですが，気持ちが追い詰められてしまっており，聞く耳をもてない状況でした。

受験に必要のない科目では「内職」をします。あるとき「内職」が見つかり，教科担任に厳しく叱られました。そのあと，彼女は発作を起こし，父親が薬を持って学校へ飛んできました。本人は気が昂ぶって，学校や親に対して日ごろ不満に思っていることをぶちまけます。また，「早く塾へ行かないと偏差値が下がってしまう。私はこんなことをしている場合じゃない」といって泣き出す始末です。父親は時計を見て，「先生，もうすぐ薬が効いて落ち着きますから」と慣れた様子です。病名は，自律神経失調症でした。

父子家庭で一人っ子，父親はマスコミ関係の仕事をしているので，勤務時間が不規則です。夕食は自分で適当に買って食べ，塾に急行します。父親ともうまくいっていないし，クラスにも友だちらしい友だちもいません。終礼までいないことが多いので，私が帰り道に，Ｉ子の家のマンションのポストに連絡事項やメッセージを配布物と一緒に届けます。Ｉ子の目には「担任はいろいろと面倒を見てくれるが，受験一辺倒の自分の生きかたを批判しているだろうし，なんとなく煙たい」というように映っていたのではないかと思います。父親とは，その後「会いたい」という申し入れがあり，2度ほど話し合い電話で連絡を密に取ることにしました。

2学期になると，さらにＩ子は受験一色になりました。表情が非常に険しく，いつもイライラしているように見えます。欠時数が重なり，2学期の中間考査が終わったころには，ほとんどの科目が危なくなってきました。欠時数の一覧表をつくり，こきざみに知らせます。わたすときに，非難めいたことは一切言いません。卒業できなければ大学にもいけないのだから，欠時数を何とかしようという点に

12 受験の重圧をかかえた生徒への指導を考える

ついては，I子と一致できます。一致できる点を探り，その点を励ましながら，のらりくらりとつきあっていきます。決して無理をしないように気をつけました。

この欠時の表を通じて，I子と少しずつ話ができるようになっていきました。塾では弱音は吐けないけれども，受験の世界と少し距離をおいている私には，苦しさを訴えることができるからです。

I子は，年末から正月にかけても，塾の自習室に一日中こもりっきりで受験勉強をしていました。友だちも，家族の温かさもないなかでひたすら受験勉強に励む姿に，いじらしさを感じました。模試の成績が，少し下がったので悲壮感が漂っています。

年が明け，いよいよ入試が始まりました。約2週間，東京へ受験の旅にでます。いつもとちがうかばんを持っているので聞いてみると，おばあちゃんが東京へ受験に行くときのために買ってくれたといいます。嬉しそうです。やはり，このような心の支えが必要なのです。さすが，おばあちゃんです。

夜，ホテルからI子が電話をかけてきました。部屋の時計の音が耳について勉強ができないと，泣きながら訴えます。私も何を話してよいかわかりません。ただ，相槌を打つだけです。しばらく話すと落ち着いてきました。このとき，携帯電話がなければ，どうなっていたかわかりません。もう首尾よく入試が終わることを祈るしかありません。

(2) 見えてきたI子の姿

I子の入試は終わりました。欠時オーバーの科目が数科目出たため，卒業延期となり約1カ月間欠時補充を行いました。この補充期間中，毎日I子に接するうちに，I子に対するイメージがずいぶん変わってきました。受験が終わったことからくる安心感か，I子はずいぶん穏やかな表情を見せるようになり，いろいろなことを話してくれました。受験のことしか興味がないような感じがしていましたが，将来は外交官になりたいとか，塾の先生が『資本論』をぜひ読みなさいといっていたので，読んでみるつもりだ，カントも読みたいなどといっていました。

HRなどの特別活動の時間も欠時オーバーのため補充が必要であり，教室の腰板のペンキ塗りを二人でしました。ゆったりと時間が流れます。春の暖かな陽射しが窓から差し込んできます。いつも時間と偏差値に追いかけられていたI子には，こんなにゆったりと過ごす時間はいつのころからか途絶えていたのです。

3月末に一人だけの卒業式。式が始まる前，ネクタイがうまく結べないと訴えます。結びなおしてあげている姿を同僚の教師がほほえましく見守ってくれまし

た。帰り際，I子が「先生，ありがとう！落ち着いたら，また来ます」といいました。こんな日が来るとは，夢にも思いませんでした。

私がとくに気をつけたことは，病気をかかえながら，受験競争の渦に翻弄されているI子のあせる心を包み込んでやることでした。受験には強いが，精神的にはか細く折れそうな性格なのです。

I子は，最終的に東京の私学へ進学しました。本命の東京の「一流」大学は補欠合格であったため，繰り上げ合格はまずないだろうという判断であきらめました。関西の「一流」大学も合格していたので，そこに進学することを勧めましたが，頑として受け付けませんでした。理由は，父親から離れたいということでした。「一流」大学を出た父親は，関西なら〇〇大学よりレベルの高い大学でないと行っても意味がないと口癖のようにいっていたといいます。塾の先生の話も一致していたため，彼女もそう信じていました。しかし，受験勉強一本の生活は精神が病むほど辛いものでした。発作が起こったとき「もうすぐ薬が効いてくるから，落ち着きなさい！」と繰り返す父親に向かって，「私は，こんなに辛いのに，どうしたらいいの！」と叫んでいたI子の姿が思い出されます。心を丸ごと暖かく包んで欲しかったのだと思います。

13 不登校気味の生徒への指導を考える

S子は，不思議な生徒でした。3年生になって初めて担任をしました。4月当初は，元気にしていましたが，すぐに保健室通いが始まりました。仲のよい生徒はクラスに一人しかいませんでした。登校すると，すぐに保健室へ直行し，3時間も4時間も眠り続けるのです。前の担任に聞いてみると，2年生のときも一時期欠席がかさなり，欠時数も危なかったということでした。

養護教諭の先生が話しかけても，ろくに返事もしてくれないといいます。連絡を受けて，保健室をのぞいてみると，頭からすっぽりと布団をかぶって眠り続けています。「S子，ちょっと顔をみせてよ」と声をかけても返事がありません。困ったなあと思いながら，「次の時間は，まだ大丈夫だけど，4時間目の英語は出席しないと欠時数が危ないよ」と話しかけていたとき，ふと気がつきました。ひょっとして，S子は反応しているのではないかということです。たしか，おでこは布団に隠れていたのに，今はわずかに見えています。さらに話しかけてみると，

布団の一部が動くときがあります。予鈴がなったので,「また,次の休み時間に来るよ」と言うと,また布団が動きました。

「よしっ!」と思って,次の休み時間も保健室へ行き,「お待たせ,少しは元気になったかな」と声をかけると布団が少し動きます。「じゃあ,顔を見せて」というと,目をつぶったまま,顔を出します。「4時間目は,どうするかな? 出たほうがいいと思うけど,欠時数が切れるわけではないので,無理ならもう一時間休むかな? どうする?」というと,返事はないのですが,顔を出したということは,反応しているということなので,もう一度,「4時間目の授業に出る?」とたずねたときに,わずかにうなづいています。「よし,わかった! じゃあそうしよう!」といって,養護の先生に「次の時間から出るといってますのでよろしく」と話し,すぐに引き上げました。養護教諭はすぐそばにいるので,私が言わなくてもわかっているのですが,あえて私が言うのは,その声をS子に聞かせ,「君は次の時間授業に出ると決心したんだよ」と念押しをし,起き上がるきっかけをつくってあげたかったからです。このような状態が6月の初めまで続きました。もう,欠時数は目いっぱいのところまで来ています。

ところが,思わぬところから転機がやってきました。文化祭の準備でS子は,道具係に立候補しました。道具係は5人いますが,女子はS子だけです。材料の買出しにみんなで行くことになりました。男子と私が自転車を早くこぐので,S子が遅れがちになります。私は,わざとそうしました。男子が「先生,S子が来ないよ!」と心配するが,「大丈夫,そのうち来るよ」と受け流しておきます。信号待ちをしているとき,S子が,「先生,待って!」と叫んでいます。「おーい,早く来いよ。置いていかれるぞ」と答えます。信号が変わると,男子を先に行かせ,S子を待ってあげます。やっと追いついたS子は,息を切らせています。「大丈夫か?」「先生,待ってよ!」「だから,待ってるじゃない。さあ,行こう。信号が変わってしまう」「ええっ! もう行くの?」「待ってぇ!」といいながらも必死でついてきます。次の信号待ちのとき,S子が「先生って,お父さんみたい」といいました。

この言葉を聞いて,思いあたるふしがありました。S子の一つ上の姉も授業で教えました。S子は姉と,「先生の授業のプリントは,わかりやすく書かれていて気持ちがいい」と日ごろ話し合っていたといいます。こんなところから,私に対して親近感をもってくれていたのです。

材料選びでは,S子が的確な意見を出

します。男子もびっくりし、一目置きました。大工仕事も5人のなかで一番うまく、S子の活躍ぶりは、クラスでも目を惹きました。もちろん、文化祭直後の学級通信にはS子の名前を載せました。

2学期から、S子は、人が変わったように休まなくなりました。S子に「2学期はどうかな？」と声をかけると、「先生、もう大丈夫です。休みませんから」という声が返ってきました。その言葉どおり、2学期はほぼ皆勤で、欠時数もギリギリの状態で最後まで耐え、無事卒業していきました。

結果としては丸く収まっていますが、なぜS子が2学期から急に立ち直ったのか、私にはよくわかりません。進路をめぐって親と対立していることが一つの大きな原因となっていること、M子という友だちが大きな支えとなっていることは確かだと思います。しかし、なぜあそこまで落ち込んだり、また急に元気になったのか、さっぱりわかりません。わかりませんが、生徒が目の前にいるかぎり、何らかの指導をせざるを得ません。今まで培ってきた経験を精一杯発揮して、こつこつと指導を積み重ねていくしかないと思います。

青春は、疾風怒濤の時代です。多感な子どもたちの心の動きに寄り添い、誠実につき合っていくことが求められています。

14 家庭に困難をかかえる生徒への指導を考える

(1) 痛恨の想いを振り返る

Y男の場合には、痛恨の苦い思い出があります（前記7(2)で出てきたY男と同じ生徒）。「1勝すればジュースをおごろう」の取り組みで、クラスへ溶け込み始めたY男でしたが、学校生活の楽しさと昔の遊び仲間との付き合いの間を揺れ動いている状態でした。クラスには、Y男の元彼女もいました。クラスが楽しくなるにつれ、彼女とY男もよりを戻したのか、楽しそうに話している二人の姿がときどき見られるようになりました。母親の話でも、表情が穏やかになり、夜遊びの回数も減ってきたとうれしい報告がありました。

そんな矢先、母親から電話があり、Y男が単車の免許を取りたいというので、必死で止めたがいうことを聞かず、振り切って出かけてしまったといいます。もちろん母親も三ない運動のことは十分承知しており、免許取得になれば謹慎処分になることを心配しているのですが、それよりも、免許を取るということは、学校よりも昔の遊び仲間との生活を大切に

するということであり、また、以前の夜遊びの生活にどっぷりとつかってしまうのではないかと、そのことを一番心配していたのです。夕方、家庭訪問をしました。8時過ぎ、本人と連絡がつき、母親と二人で電話で説得したが埒が明きません。最後に「10時まで待っているから、帰っておいで！」といって電話を切りました。電話の受け答えからは、とてもこちらの言うことを聞き入れてもらえたような気がせず、重い気分になりました。

9時半を過ぎても帰ってきません。悪いことに、仕事もそこそこに学校を飛び出してきたので、明日の1時間目の授業の準備ができていません。自宅に着くのが11時、それから準備……と思うとぞっとします。見切りをつけて、帰宅すると、Y男の母から電話があり、Y男が10時前に帰って来たといいます。あと10分待ってやればよかった、せっかく単車への思いを断ち切って帰ってきたY男を迎えてあげられなかったという後悔の念が今でもあります。10時まで待っているといったのに教師がいなかったことはショックであっただろうと思います。このとき、Y男と会えていたら、また、ちがった展開があったかもしれません。

生徒の気持ちを大切にしたいと思うのですが、その気持ちを読むのは何とむずかしいことでしょう。電話での受け答えから、Y男は、九分九厘引き返しては来ないと私は判断していたのです。

(2) 子どもの立場でみる

J子は2年生、3年生と、私が担任をした生徒です。最初、「目立たない子だなあ」という印象を受けましたが、少しずつ慣れていくだろうと思っていました。

春の遠足が近づき、班別行動のグループをつくるとき、J子とS子とK子の3人があぶれてしまいました。J子とS子はおとなしくて友だちがいません。K子はわがままで、怖そうなイメージがあり、グループからあぶれてしまいました。ある班のリーダーがK子に働きかけますが、いい返事が返ってきません。グループ分けは、暗礁に乗り上げてしまいました。そのとき、J子がK子に近づき二言三言話をし、次にS子に近づいたかと思うと、あっという間にS子とK子の3人班をつくりあげてしまいました。その珍妙な取り合わせに、私は思わず、「鮮やかすぎる」とうなってしまいました。

次の日、私は学級通信を発行し、「こんな優しい人がいる」という小見出しで、名前をふせてJ子のことを取りあげました。その後、J子の動きに注目していましたが、いつもぽつんと一人ぼっちでした。いつもどこにいるかわからないという感じで、クラスで存在感がありませんでした。やがて、J子の欠席や早退が増

え始めました。あの一瞬の輝きは、なんだったのでしょうか。

　こんなこともありました。LHRで視聴覚室を使いました。J子は一番後ろのイスに座っていました。4人掛けのイスで反対側の端にU子が座っていました。そこへU子の連れが3人やってきました。「U子，一緒にすわろう？」「いいよ，おいで」。そのとたん，J子はさっと席を替わりました。U子ら4人は，J子が席を譲ったことに気づいていません。「ちょうど座れるよ」といいながら話に夢中になっているのです。

　J子のこの行動の意味がわかったのは，担任してから半年後のことでした。欠席日数がかさんできたので，三者面談をしました。ところが，当日来たのは母親だけでした。修学旅行の話をしたとたん，母親はハンカチを手に泣きだしました。「先生，本当にあの子が修学旅行に行くといっていますか？　先生，ありがとうございます。うれしいです」といいます。J子から修学旅行に行かないという話は聞いていないし，怪訝に思っていると，母親が口を開きました。「あの子は小学校のときからいじめにあってきたのです。愛想のない，ぶすっとした顔をしてますが，本当は明るい子なんです。いじめにあってから，できるだけ目立たないように行動しているんです。それが自分の身を守る方法だと学んだのだと思います」と。

　J子の妹は拒食症でした。毎日，カロリー計算をしては体重計に乗っているといいます。たまたま妹さんが学校に来たときに出会いましたが，やせこけて痛々しいほどでした。家庭でもときどき暴れ，J子と口論が絶えないといいます。J子は母子家庭です。お母さんはパートをかけもちで，朝から晩まで働いています。洗濯や炊事はJ子がします。J子は，「カロリーを気にする妹は，私がせっかく作っても食べてくれない」と訴えます。そのため，J子は2種類の食事を用意しなければなりません。「わがままばっかり言って，あの妹，頭にくるわ！……でも，おかんも大変やからなあ。……それに私の妹だし」。

　妹さんは，リストカットをしたり，睡眠薬を大量に飲んで何度か病院へ担ぎ込まれるようになりました。妹思いのJ子の顔色がすぐれません。妹の容態がどんどん悪くなっていくので心配でたまらないのです。

　何とかJ子の気持ちを少しでも楽にしてやりたいという思いから，「妹さんは，自分で自分が好きになれないだけなんや。今の自分を受け入れられないから，過食をしたり，拒食をしたりして自分を変えようとしているだけなんだって。……この本読んでみる？」と，読書を薦めまし

た。それは『鏡の中の少女』（スティーブン・レベンクロン著，集英社文庫）という本で，アメリカの精神科医が実例に基づいて，拒食症の少女をテーマに書きあげた小説です。

やがて，妹さんが入院しました。妹さんの入院でJ子の精神的な負担は少しは軽くなりましたが，病院への付き添いなどで早退や欠席も余儀なくされました。しかし，病状は進み，J子は医師への不信をつのらせました。妹さんが暴れるたびにJ子は病院へ駆けつけます。ちょっとよくなれば週末には帰宅を許されましたが，そのことがJ子を憂鬱にさせました。2度ほど，J子が腕に包帯を巻いていたので，「どうしたの？」と聞いても，「先生は知らなくてもいいの！」と教えてくれません。どうやら妹さんとつかみ合いの喧嘩になったらしいのです。

クラスは，文化祭の出し物で校門デコレーションに取り組んでいます。その取り組みのなかで友だち関係が組み替えられ，明らかにクラスの雰囲気はかわりつつあります。一人，J子が蚊帳の外という感じでした。いじめの体験は，問題が大きすぎます。せめて一人でも心を許せる友ができればいいのですが…。この時点では，クラスに親しい友だちがいなかったので，担任の私が精一杯かかえ込み，かろうじて進級できるところまでしか指導できなかったのです。

(3) **長期的なスパンで取り組む**

「J子をクラスの輪の中に」と，そんな思いで悶々としながらも，きっかけがつかめず，とりあえず，J子は担任がかかえていくことしかできませんでした。これでは，J子も辛いし，私も辛い。しかし，教育実践には，こんなことはいくらでもあると思います。

結局，J子がクラスへとけこみ始めたのは，3年生になってクラス替えが行われてからです。このときの学年団は，2年生のときのクラス替えの問題点をよく覚えていました。現代の高校生は人間関係が希薄であり，お互い非常に気を遣ってつき合っています。同じクラスに気を許して話せる相手がいないとパニック状態に陥る生徒もいます。ここ数年，クラス替えのあと，職員室や廊下で教師に，延々と自分の不幸を訴えたり，教師をなじったりする光景が見られます。一通りクラス替えができたところで，一人ぼっちになっている生徒がいないか，担任団9名で慎重に検討しました。おかげでJ子も，友だちのU子やY子と一緒になれました。

J子の出席状況は，3年生の1学期が一番ひどい状況でした。体育などは，1学期の終わりで，あと1時間しか休めない状態でした。妹さんの病状が最悪で負

担がかかったこともあり，緊張の糸が切れてしまったのです。しかし，Ｊ子には話せるＵ子やＹ子がいます。Ｕ子やＹ子と話したからといって状況が開けるわけでもないのですが，「自分は一人ぼっちではない」と思えることは，大きな支えとなっていました。そのことは，何よりもＪ子の表情が物語っています。

　Ｊ子は就職希望です。本当はデザイン関係の専門学校へ行きたかったのですが，母親が朝から晩までパートで働いて家計を支えているため，早く母親を楽にさせてやりたいと断念したのです。欠席日数の多さ，数科目に及ぶ欠点をかかえた成績，一見無愛想な外見などを考えると，果たしてうまく就職できるのか，前途は多難です。進路指導部長と相談し，事情を話せる会社を紹介してもらい，工場見学をさせてもらうことになりました。Ｊ子と二人で自転車で会社へ行きました。私は，自転車をわざと速くこぎます。
「先生，待って，速すぎる！」
「遅れたら終わりだぞ。若いのに情けないというな」
「もう，私はおばはんです」
「じゃあ，ごゆっくり。先に行くね！」
「いやっ！　先生待って！」
　会社に着きました。Ｊ子の動作がぎこちなく，緊張がピークに達しているのがわかります。「大丈夫だよ」と目で語りかけます。面接が始まりました。面接官も，Ｊ子の緊張を和らげようと気を使ってくれています。出だしは，無難にこなしています。いつもより明るい受け答えが返ってきます。しかし，欠席日数について尋ねられたときに，Ｊ子は黙りこくってしまいました。今回のＪ子の受験を，私は，次のように考えていました。Ｊ子の採用はむずかしいであろう。そこで，不調に終わったとしても，Ｊ子に挑戦してよかったという思いをもてるようにしてあげたい。そのためには，面接官にＪ子のおかれている状況を話し，面接官のコメントを引き出すことだと。

　私は，頃合いを見て，Ｊ子の家庭の状況をかいつまんで語りました。面接官の表情が変わりました。じっと耳を澄ましていた面接官が，「そう，お母さんを助けてよくがんばったね。いつまでもその気持ちを大切にがんばってくださいね」と，Ｊ子にねぎらいの言葉をかけてくれました。Ｊ子の目がうっすらとうるんでいました。帰り道，Ｊ子が「先生，思い切って受けてよかった」とポツンといいました。夕陽のなかに，Ｊ子のすがすがしい顔がありました。

　Ｊ子の就職は不調に終わりました。しかし，その後，Ｊ子は学校をほとんど休まなくなりました。もちろん，欠時数がぎりぎりの科目があるので休めないとい

うこともあったのですが，面接官のねぎらいの一言が大きかったと思います。家庭と学校という世界ではなく，社会という未知の世界で働いている大人からの温かいメッセージです。

　J子は，別れた父親に対して憎しみを抱いています。母親の人生を狂わせたこと，また，近くに住んでいるのに援助の手をさしのべようとしない態度が許せないと訴えます。J子は，どのような父親像を抱いているのでしょうか。そのイメージは，将来，J子が恋をし，家庭をもち，子育てをするときに，大きく影響するでしょう。担任という立場から，大人の男性のやさしさのイメージの一つを提供できたらと思います。

　いじめに遭った経験から，身を守るために目立たないように生きることを信条としているJ子。母親と妹と自分の3人の世界に閉じこもっています。そのむなしさを晴らすかのように，J子は，インターネットの世界に身を埋めていました。子どもの状況がわかるにつれ，なぜそんなことをするのか，子どもの行動がわかることがあります。そうなって初めて，子どもと教師の指導の接点が見えてきます。あせらずに，長期的なスパンで取り組むことが大切だと思います。改めて，教師とは，やりがいもあるが，同時に厳しい職業だと痛感しました。

15

教師の仕事を考える

(1) 教育の原点に帰る

　もう40年も前のことです。教育実習で貴重な体験をしました。実習生のなかから代表で特別の研究授業をすることになりました。中学3年生のクラスで社会科の担当です。授業のテーマは，公共の福祉と個人の権利が対立したとき，どうするのかという問題です。教案もでき，ほかのクラスでやってみると生徒の受けもいいし，何とかなりそうです。指導教官は，精力的に仕事をこなすベテランのI先生です。休む暇もなく忙しそうに走り回っていましたが，相談に行けば親身に世話をしてくれます。I先生の助言は，「あと一つ生徒に身近な事例が欲しいなあ。探してごらん」ということでした。あれこれ資料を探しましたが，これといったものがありません。その日の夕刊を見て，「これだ！」と叫びました。生活道路の整備のために立ち退きを余儀なくされているという地域のニュースです。道路の写真も載っています。しかし写真が小さく，とても後ろからは見えません。まだデジカメもカラーコピーもない時代。授

業は明日です。

　翌朝，Ｉ先生に泣きつきました。じっと腕組みをして考え込んでいたＩ先生が，ポーンとひざを打って，「よし，これで行こう！　いい資料だ！」と言ってくれました。「しかし，写真が小さいのですが」と言うと，Ｉ先生はにっこり笑って，「大丈夫。写真を見せるときにわざと一番前の子にだけに見せて，『わかりましたか？』と呼びかけるんだ。すると，絶対『見えません！』という声が上がるから，写真を見せた子どもに『悪いけど，黒板に大きく図を書いてくれないか？』と頼むのだ。その図の見せ方を練習してくれ」とアドバイスをしてくださいました。

　公開授業が始まりました。順調に進み，いよいよ見せ場を迎えました。新聞を取り出し，前列の元気そうな生徒に見せます。「あっ，これ知ってる！　見た！」といいました。その声に刺激されて，後ろのほうから，「何，見えへんぞ！」という声が飛びます。Ｉ先生の助言どおりの展開になりました。その生徒に黒板に図を書いてほしいと頼むと，「ええで！」と快諾，一生懸命書いてくれました。

　ほかの生徒もシーンと黒板の図を見つめています。なるほど，これがプロの技かと感嘆しました。あとの講評会でも，このシーンに質問や意見が集中し，絶賛されました。

　研究授業も終わり，教育実習も最後のLHRを残すのみになりました。Ｉ先生からは「最後の時間だから，お別れをかねて，生徒と自由に楽しく過ごしてごらん」と言われていました。しかし，研究授業の準備に追われて何も準備をしていませんでした。また，Ｉ先生が，助け舟を出してくれました。「今日で杉山先生は，大学へ帰ります。最後なので，今から杉山先生の裁判を行います。杉山先生のいいところや悪いところを自由に出してください」。

　いろいろな意見が出たあと，「もうないか？」とＩ先生が念を押します。すると，Ｍ子が顔を赤らめながら手を上げました。「先生は，授業で私を当てると言ってたのに当てなかった。ずっと，当たったらどうしようとピクピクしてたんやで！」。前日の終礼で，Ｉ先生から明日の研究授業でたくさんの先生が授業を見に来ると聞いていたＫ子は，放課後，私のところへ来て，「先生，明日，私を当てんとってよ。絶対当てたらアカンよ」と訴えてきたのです。「いや，当てるよ。しっかり勉強しといてよ」と軽い気持ちで答えていました。研究授業のとき，Ｍ子の自信のなさそうな表情を見て，「当てるのはやめよう。答えられなかったらかわいそうだ」と思って当てなかったのです。低学力で自信のないＭ子としては，この１時

間ビクビクして過ごしていたのでしょう。

Ⅰ先生が明るく言います。「そうか，杉山先生は，そんな悪いことをしたのか？ M子，杉山先生にはどんな罰を与えたらいいと思う？」「お尻を一発たたかしてください」。

前に出てきたM子は，「先生，１時間中，必死やったんやで！」と言うなり，思い切り私のお尻をたたきました。クラスは，爆笑の渦に巻き込まれました。M子は，晴れやかな顔で自分の席へもどっていきました。M子の存在がぐっと近く思えてきました。子どもの心をつかんで指導に活かせといいますが，何とむずかしい課題でしょう。お尻の痛みが心地よかったことを思い出します。最後にクラスから手渡された色紙には，M子の「先生ありがとう！」という大きな字が躍っていました。

現場の教師の技のすごさに感服しました。LHRが教育実習の見事な総括となっています。一見遊びのようなやり取りで，その実，見事に教育実習に対する生徒の思いを引き出しています。公開授業でのM子の様子を見て，Ⅰ先生はきっとM子の心配事をある程度察知されていたのでしょう。そのことを前提として，最後を飾るにふさわしいLHRを構想してくださったのだと思います。

「教室の窓はいくつありましたか？」。

これは，私の実習ノートに書かれていたⅠ先生の最後のコメントです。私は，このコメントを，もう少し余裕をもって生徒の心の動きを見ながら教壇に立てというメッセージだと受け取っています。

(2) 教育理論の重要性に気づく

小さな定時制高校に赴任した私は，いきなり，担任と生徒会顧問を受け持ちました。あるとき，席替えをめぐってクラスの生徒と対立し，興奮した女子生徒の一団が職員室までつめかけてきました。職員室で，ワアワアとやりだしたので，とにかく生徒を廊下へ押し出し，そこで対決をしました。生徒は10人ほど。クラスの約半分です。こうなったら，筋を通してやり込めようと思っていました。生徒の言い分を聞いて，一つひとつ反論し，各個撃破をしていこうという作戦だったのです。

しかし，予想以上に生徒は手ごわかったのです。筋を通そうとするのですが，屁理屈でやり返されてしまうのです。しかも相手は数が多く，一人がやり込められそうになると，ほかの生徒がちがうことを言い出し話題をそらしてしまうのです。悪戦苦闘しているところへ，先輩のＫ先生が通りかかりました。Ｋ先生は，職場の教員のリーダー格であり，その生活指導の理論には定評があります。にこにこと笑顔で近づいてくると，「お

「おい，君たち，元気がいいのはいいが，みんなが一度にワアワアいったら，何をいっているのかわからんぞ。一体，代表は誰なんや？ 一番声の大きい君か？」
「ちがう！ 私じゃない！」
「じゃあ君か？」
「ちがいます！」
　突然，生徒の間に押しつけ合いが始まりました。
「あんたがいい出したんやから，あんたがやりよ」
「何で私がせんといかんの！ 勝手に決めつけんとってよ！」
　その様子をみていたＫ先生は，さらにとどめを刺します。「君たち，代表も決めていないのか！ それじゃ，担任には勝てないよ！ みんなで代表を決めて，もう一度出直しておいで」。生徒は，「ほんまや，代表がおらんと勝てへんわ！誰にする？」などとぶつぶつ言いながら引き上げていきました。「すごい！ あざやか」。これがプロの教師の技なのか，と目から鱗が落ちたような気がしました。
　このＫ先生の言葉には，生徒のかかえている問題点があぶり出され，さらに生徒たちが何をすればいいのかという行動の指針も見事に示されています。何かを要求する場合には，要求として何を取りあげるのか，その要求でみんなが納得しているのか，誰が代表として交渉するのかなど，さまざまなことを決める必要があります。これが民主的な手続きです。Ｋ先生は，「君たちは，このような手続きをしていますか。民主的にやらなければ，君たちの要求は，みんなの支持を得られないよ」と教えているのです。

　私が，生徒にしていたことは，生徒を言葉で打ち負かし，私の方針に生徒を従わせることでした。そうすると，どちらが勝つかに力点がおかれてしまいます。言い負かすことができるのか，それとも言い負かされてしまうのか。どちらかが，不満を背負い込んでしまうのです。

　同時に，Ｋ先生の言葉は，担任の指導のあり方をも示唆してくれています。「あなたのクラスでは，まだ，生徒がわいわいと文句をいう段階なのですか」「クラスのリーダーはいないのですか」「席替えをめぐるみんなの希望を，あの子たちはつかんでいるのですか？ それとも，押しかけてきた者たちだけの希望を言いにきたのですか」。

　私の頭のなかに，いろいろ疑問が次から次へと，浮かんできました。その日，Ｋ先生を交えて数人で飲みにいきました。Ｋ先生は，見事に私のクラスを分析してくれました。経験と教育理論が必要なのです。とくに，教育学部の出身でない私には，教育理論が必要なのだと痛切に感じました。これが私の教師としての出発

点となったのです。

(3) 教育理論を学ぶこと

以後，私は教師としての力量をつけるために，次の四つの点に留意しています。

① 教育実践の記録を読むこと。
② 教育理論を学ぶこと。
③ 職場の教師と教育実践を語り，さまざまな教育研究会に参加すること。
④ そして，自分のクラスや職場で実際に試してみること。

上記の①③④は比較的簡単にできます。毎日職場でできることですし，ある意味では教師という仕事の一部となっています。たとえば，学級通信をつくるとき，経験豊かな先輩の実物を参考にさせてもらったり，若手の斬新な発想にヒントを得たりと，日々学ぶことができます。

現場の教師集団には，教室の後ろの黒板の使い方や掃除のローテーションのつくり方などのこまごましたことから，保護者とこじれた場合の対応の仕方など，慎重に対応しなければならないことまでさまざまなノウハウが蓄積されています。

しかし，教育理論となると，さまざまな本を読んだり研究会に参加したり，かなり意識をもって努力しないと身につきません。教育理論が必要だという切実感がないと，なかなか学ぼうとしないものです。

前述のK先生登場の場面で，私が感嘆したのはK先生のその鮮やかな対応の仕方でしたが，同時に，その対応の背後に確固とした教育理論の裏づけがあることを感じたのです。生徒の自立とは何か。リーダーとは何か。教師の演技力とは何か。そういう各論を積み上げて，青年期の人格形成にいかに寄り添うのかという確かな理論があります。そこから日々の数々の教育実践が生み出されているのです。

1980年代に入ると，教育問題として不登校がクローズアップされました。ちょうど，そのころ，私のクラスにも不登校の生徒がいました。当時は，まだ登校拒否と呼んでおり，現場ではどう対応してよいのか試行錯誤を繰り返していました。私も対応に苦慮し，関連する書籍を探してきては読み込みました。とくに，当時大阪教育大学におられた秋葉英則氏の講演や書物にすがりつきました。秋葉氏の話のなかには，あの偉大な思想家，ジャン・ジャック・ルソーの思想が引用されています。子どもの発達の筋道のなかに，ルソーの思想が散りばめられているのです。人類の遺産としてのルソーの思想が現代の教育のなかにも生きているのです。これを理解することが，自分の教育実践に普遍性を与えてくれると信じてやみません。単なるhow toではなく，教育理論に裏づけられた教育実践をつくり上げ

たいものです。

　教育理論を学ぶにあたって大いに役に立ったのは，教育科学研究会，高等学校生活指導研究協議会，歴史教育者研究協議会，兵庫民主教育研究所，兵庫県高等学校教職員組合などの教育活動です。

　この各団体が主催する活動には，教育の現場で働く人々だけでなく，諸大学の研究者の方々がたくさん参加しています。そこでは，教育をめぐって自由に討論がなされており，豊かな研究者の成果にふれることができます。多忙な現場では，つい個々のケースがうまく解決すればそれでよしとしてしまい勝ちです。そんなときに，教育学や心理学の知見から新たな視点を指摘していただくことは大切なことです。

　兵庫民主教育研究所の運営にかかわるようになってから，とくにさまざまな研究者の方々と交流できる機会に恵まれ，多くのことを学ばせていただきました。研究者の方々のもつ学識の量は膨大なものです。本書で紹介させていただいた実践のなかにも，研究者の方々の言葉にヒントを得て思いついたものも数多くあります。逆に，現場の試行錯誤のなかから生まれた実践を理論化していただくなど心強いかぎりです。

おわりに

　次に紹介する思い出は，長い教師生活のなかで起こった大事件ではありません。ささやかな思い出ですが，それが指導のヒントとなって，私の教師生活を大いに助けてくれたものです。
　まず，一つ目の思い出を紹介しましょう。生徒会顧問をしていたときのことです。文化祭を控えて，生徒会執行部の仕事もいよいよ忙しくなってきました。執行部の生徒は，クラスやクラブでも中心的な役割を背負っていることが多いのです。そこで，クラスやクラブとの仕事の両立を図るために，都合が悪いときには，顧問の私に申し出さえしておけば，いつでも執行部の仕事を抜けてもいいというルールを提案し，それが決まりました。「先生，今日はクラブです」「先生，今日は用事です」と生徒が申し出てきます。私は，「そう，じゃあ，明日よろしく」と対応します。ルールにのっとっているのだから，怪しいと思っても一切とがめだてはしません。
　文化祭も終わったあと，ある生徒が私に，「先生はだましやすいけど，だましにくい」といいます。ほかの生徒もうなずいています。意味のわからなかった私は，「どういうこと？」と説明を求めました。
　彼らがいうには，要するに，うそをついてもそのまま信用されてしまうので，最初はやりやすいと思っていたが，そのうち，だまし続けている自分がいやになり，かえってうそをつけなくなるというのです。
　それ以前には，このような生徒の心の動きが，私には見えていなかっただけに，この生徒の返答は新鮮でした。そこには，教師はゆったりと構え，生徒はある程度自由に自分の思いをぶつけることができ，それでいて，自由に甘えてばかりいると，教師からの信頼を最も根本のところで裏切っている自分に気づくということになります。ここで生徒と教師の間を結んでいるのは，約束と信頼の関係です。この関係をしっかりとつくり上げることに努力しています。
　二つ目の思い出です。通勤バスのなかで，母親に背負われた赤ちゃんと目が合いました。透き通るようなつぶらな瞳で，私の顔をじっと眺めています。に

こっと微笑んであげると，赤ちゃんは満面の笑みで応えてくれます。数回，そんなやり取りをしたあと，その赤ちゃんは，突然，私に向かって手を挙げ，一生懸命振ってくれます。母親は疲れきっているのか，前の座席の背もたれに頭をつけて突っ伏しています。しばらくすると，心配になったのか，赤ちゃんは母親の脇に手を差し込み，母親を求めます。母親は突っ伏したまま，赤ちゃんの手を握ってあげます。安心した赤ちゃんは，また，私の目を見つめ，にこっと笑って手を振り始めます。まさに，依存しつつ自立するという人間の発達の姿を見せてくれます。赤ちゃんは元気で，今度は，私の隣に立っていた女性にも愛嬌を振りまき始めました。バスのなかをやさしい風が吹き抜けます。

　長い間教師をしていると，いろんな生徒に出会います。何をしてもうまくいかないときには，生徒の顔を見るのも嫌になることがあります。そんなときには，その生徒の赤ちゃんのときの顔を想像してみるのです。すると苛立ちが収まり，不思議なことに，その生徒にかかわろうという新鮮な気持ちが湧いてくるのです。

　どんな生徒でも赤ちゃんのときはかわいかったし，周りの大人も一生懸命かかわったと思います。そのかかわりに，赤ちゃんも精一杯笑顔を返したり手を振ったりして応えていたはずです。そのような関係が，いつしか途絶えてしまうのです。生徒の赤ちゃんの姿を思い浮べようと努力することは，途絶えたその気持ちをもう一度呼び返そうとすることです。

　このようなことが，教育学的にどのような意味があるのか興味深いところですが，私にとっては困難なときに気持ちをほぐしてくれる秘密の妙薬となっています。

児童の権利に関する条約（抄録）

1989（平成元）年第44回国連総会で採択（政府訳）
（略称,「児童の権利条約」または「子どもの権利条約」）

前文

　この条約の締結国は,

　国際連合憲章において宣明された原則によれば,人類社会のすべての構成員の固有の尊厳及び平等のかつ奪い得ない権利を認めることが世界における自由,正義及び平和の基礎を成すものであることを考慮し,

　国際連合加盟国の国民が,国際連合憲章において,基本的人権並びに人間の尊厳及び価値に関する信念を改めて確認し,かつ,一層大きな自由の中で社会的進歩及び生活水準の向上を促進することを決意したことに留意し,

　国際連合が,世界人権宣言及び人権に関する国際規約において,すべての人は人種,皮膚の色,性,言語,宗教,政治的意見その他の意見,国民的若しくは社会的出身,財産,出生又は他の地位等によるいかなる差別もなしに同宣言及び同規約に掲げるすべての権利及び自由を享有することができることを宣明し及び合意したことを認め,

　国際連合が,世界人権宣言において,児童は特別な保護及び援助についての権利を享有することができることを宣明したことを想起し,

　家族が,社会の基礎的な集団として,並びに家族のすべての構成員特に児童の成長及び福祉のための自然な環境として,社会においてその責任を十分に引き受けることができるよう必要な保護及び援助を与えられるべきであることを確信し,

　児童が,その人格の完全かつ調和のとれた発達のため,家庭環境の下で幸福,愛情及び理解のある雰囲気の中で成長すべきであることを認め,

　児童が,社会において個人として生活するため十分な準備が整えられるべきであり,かつ,国際連合憲章において宣明された理想の精神並びに特に平和,尊厳,寛容,自由,平等及び連帯の精神に従って育てられるべきであることを考慮し,

　児童に対して特別な保護を与えることの必要性が,1924年の児童の権利に関するジュネーヴ宣言及び1959年11月20日に国際連合総会で採択された児童の権利に関する宣言において述べられており,また,世界人権宣言,市民的及び政治的権利に関する国際規約（特に第23条及び第24条）,経済的,社会的及び文化的権利に関する国際規約（特に第10条）並びに児童の福祉に関係する専門機関及び国際機関の規程及び関係文書において認められていることに留意し,

　児童の権利に関する宣言において示されているとおり「児童は,身体的及び精神的に未熟であるため,その出生の前後において,適当な法的保護を含む特別な保護及び世話を必要とする。」ことに留意し,

　国内の又は国際的な里親委託及び養子縁組を特に考慮した児童の保護及び福祉についての社会的及び法的原則に関する宣言,少年司法の運用のための国際連合最低基準規則（北京規則）及び緊急事態及び武力紛争における女子及び児童の保護に関する宣言の規程を想起し,

　極めて困難な条件の下で生活している児童が世界のすべての国に存在すること,また,このような児童が特別の配慮を必要としていることを認め,

　児童の保護及び調和のとれた発達のための各人民の伝統及び文化的価値が有する重要性を十分に考慮し,

　あらゆる国特に開発途上国における児童の生活条件を改善するために国際協力が重要である

ことを認めて,
　次のとおり協定した。
第1部
第1条　この条約の適用上,児童とは,18歳未満のすべての者をいう。ただし,当該児童で,その者に適用される法律によりより早く成年に達したものを除く。
第2条　1　締約国は,その管轄の下にある児童に対し,児童又はその父母若しくは法定保護者の人種,皮膚の色,性,言語,宗教,政治的意見その他の意見,国民的,種族的若しくは社会的出身,財産,心身障害,出生又は他の地位にかかわらず,いかなる差別もなしにこの条約に定める権利を尊重し,及び確保する。
第3条　1　児童に関するすべての措置をとるに当たっては,公的若しくは私的な社会福祉施設,裁判所,行政当局又は立法機関のいずれによって行われるものであっても,児童の最善の利益が主として考慮されるものとする。
第12条　1　締約国は,自己の意見を形成する能力のある児童がその児童に影響を及ぼすすべての事項について自由に自己の意見を表明する権利を確保する。この場合において,児童の意見は,その児童の年齢及び成熟度に従って相応に考慮されるものとする。
第15条　1　締約国は,結社の自由及び平和的な集会の自由についての児童の権利を認める。
第16条　1　いかなる児童も,その私生活,家族,住居若しくは通信に対して恣(し)意的にもしくは不法に干渉され又は名誉及び信用を不法に攻撃されない。
第18条　1　締約国は,児童の養育及び発達について父母が共同の責任を有するという原則についての認識を確保するために最善の努力を払う。父母又は場合により法定保護者は,児童の養育及び発達についての第一義的な責任を有する。児童の最善の利益は,これらの者の基本的な関心事項となるものとする。
第19条　1　締約国は,児童が父母,法定保護者又は児童を監護する他の者による監護を受けている間において,あらゆる形態の身体的若しくは精神的な暴力,傷害若しくは虐待,放置若しくは怠慢な取扱い,不当な取扱い又は搾取(性的虐待を含む。)からその児童を保護するためすべての適当な立法上,行政上,社会上及び教育上の措置をとる。
第28条　1　締約国は,教育についての児童の権利を認めるものとし,この権利を漸進的にかつ機会の平等を基礎として達成するため,特に,(中略)
　(e)　定期的な登校及び中途退学率の減少を奨励するための措置をとる。
　2　締約国は,学校の規律が児童の人間の尊厳に適合する方法で及びこの条約に従って運用されることを確保するためのすべての適当な措置をとる。

(以下略)

教師の仕事を考える

2012年8月20日　第1版第1刷発行
2013年3月5日　第1版第2刷発行

編者　杉山　雅
　　　兵庫民主教育研究所教師論委員会

発行者　田　中　千津子

発行所　株式会社　学文社

〒153-0064　東京都目黒区下目黒3-6-1
電話　03（3715）1501 代
FAX　03（3715）2012
http://www.gakubunsha.com

印刷　新灯印刷

©2012, Printed in Japan
乱丁・落丁の場合は本社でお取替えします。
定価は売上カード，カバーに表示。

ISBN 978-4-7620-2298-2